3訂版

検証調書実況見分調書の書き方

石井春水・田村達美・隈井光
渋谷勇治・高瀬一嘉
共著

実務法規

3訂版はしがき

　本書の増補改訂がなされたのは昭和51年であり、以来、約40年の歳月が流れた。

　その間、関係判例等が蓄積されるとともに、一連の司法制度改革により裁判員裁判制度が導入されたことに伴い刑事訴訟法等も大幅に改正されるに至っている。また、捜査書類に関する規定、様式等も改正された上、近時の科学技術の著しい進歩に伴い、新たな捜査手法が生み出されるなど、捜査の現場を取り巻く環境は大きく変貌している。そのような中でも、適正な犯罪捜査を行う上での検証、実況見分の重要性にはいささかも変わりはなく、むしろ、客観証拠が重要視される裁判実務では、検証等の重要性は増しているといってよい。

　この度、このような現状を踏まえ、出版社からの依頼もあって、改定を試みたものの、能力及び時間的制約から全面的な改定には至らず、刑事訴訟法等の関係法令及び司法警察職員捜査書類基本書式等の改正部分の加除・訂正、デジタル写真の利用法等の新たな技法への対応策や関係者の保護に関する留意点等の追加加筆のほかは、縦書きを横書きにし、表現ぶりをできるだけ平易なものにするなど、部分的な改定にとどまらざるを得なかった。ご容赦いただきたい。

　本書が、引き続き、第一線の捜査官の執務の参考となれば幸いである。

平成28年9月

高瀬　一嘉

増補改訂版はしがき

　本書の旧版を公刊したのは、昭和33年であり、その後、昭和38年に全編の改訂を行ったが、いずれも十数年前のことである。その間、関係判例等にも幾多の変遷があり、また、捜査書類の関係規定や様式にもいろいろ改正がなされてきた。

　この度、出版社の意向もあり、再び改訂を志したが、全面的に改訂する余裕もなく、交通事故事件の簡易書式例や一般刑事事件の簡易書式例の追加加筆等、差し当り必要最少限の補完にとどまらざるを得なかった。心残りの点も多多あるが、大方の御寛容を乞う次第である。

　もっとも今回の改訂は、法務省司法法制調査部司法法制課長　田村達美氏と東京地方検察庁刑事部副部長　隈井光氏の加筆によるところが殆どであって、実質的には両氏との共著というべきものであり、敢て私の編著とした理由もここにあるのである。

　両氏の御協力によって、ますます内容を充実することができたことを、深く感謝する次第である。

昭和51年7月1日

編著者

初版の序

　犯罪捜査の上に、検証や実況見分が如何に重要であるかは、苟も捜査の衝に当る者であれば、十二分に承知していることであろう。それにも拘らず、「検証調書は書き難い」「実況見分調書は面倒で」という声は、第一線捜査官の間でよく耳にすることであり、また、何度読んでも何が書いてあるのか少しも判らない検証調書があることも否定できない事実であるし、実際に現場に赴いてみたら、実況見分調書に記載してあるところと全く違っていたという事例もない訳ではない。書くということ、言い換えれば、自分が意識していることを、他人に判らせるように書面で表現するということは、確かに容易なことではない。しかし、それだからといって、検証をしながら調書を作らなかったり、いゝ加減に書き流して、後はどうでもよいといったことは、絶対に許されないであろう。

　読み易い検証調書、判り易い実況見分調書ということは、私の十数年来の念願であった。その念願を果すべく、本書を書き始めたのではあったが、いざ脱稿してみると、全く所期の目的とははずれた、乏しい内容のものであり、しかも、諸先輩の業績の糊と鋏の所産でしかないものとなったのである。如何に浅学の私が、公務の寸暇に筆を執ったとはいえ、誠に忸怩たるを得ないと同時に、これら糊と鋏の被害者である諸先輩の御寛容を乞う次第である。しかもなお、厚顔にも本書を公刊しようとするのは、もし、本書にして、幾分たりとも、第一線諸賢の執務の参考となり得たならばと希う故に外ならない。

些か私事に渉るが、本書の構想を練るうち、当年7才の愛児千里を交通事故のため、一瞬にして喪う災禍に遭遇した。私自身が、被害者の父として現場実況見分に立ち会うことになろうとは、想像だにしなかったところである。その後、遅々として筆が進まず、幾度か筆を折ろうとしたが、その度毎に千里の霊に励まされて、漸く脱稿し得たのが、月こそ異なるが、奇しくも彼の命日である22日であったのも、何かの因縁であろうか。

　茲に、本書を、心から父を敬愛してくれた千里の霊前に捧げて、彼の冥福を祈りたい。

昭和33年11月

石井春水

目　次

はしがき

〈第1編　総　論〉

総　説 3

第1章　検証と実況見分 6

第1節　検証の意義 6

第2節　検証の性質 8

1 検証は物に対する処分である 8

2 検証は、捜査官が五官の作用によって直接実験認識する処分である 9

3 検証は強制処分である 10

第3節　検証令状（検証許可状） 12

1 令状の請求権者 12

2 令状の請求先 13

3 請求の要件 13

4 請求の方式 15

　　　＊捜索・差押・検証許可状請求書－様式第24号

5 令状の発付、却下 19

6 検証令状（検証許可状） 19

　　　＊検証許可状

第4節　検証の準備 22

1 携行品 22

2 関係人への連絡 23

③ 検証事項の理解 …………………………………………………………… 25
第5節　検証の実施 ……………………………………………………………… 26
　① 検証の時間と天候 ………………………………………………………… 28
　② 実施計画 …………………………………………………………………… 28
　③ 見取図の作成 ……………………………………………………………… 30
　④ 立会人の指示説明 ………………………………………………………… 31
　⑤ 観察の順序と方法 ………………………………………………………… 32
　⑥ 位置の確定 ………………………………………………………………… 33
　　⑴ 屋敷内　⑵ 屋内　⑶ 道路　⑷ 軌道　⑸ 耕地　⑹ 山林、原野
　⑦ 写　真 ……………………………………………………………………… 34
　⑧ 夜間検証の場合の注意 …………………………………………………… 36
　⑨ 令状の呈示 ………………………………………………………………… 36
　⑩ 妨害の排除 ………………………………………………………………… 37
　⑪ 検証の中止 ………………………………………………………………… 38
　⑫ 現場における押収 ………………………………………………………… 39
第6節　身体検査 ………………………………………………………………… 40
　① 総　説 ……………………………………………………………………… 40
　　＊身体検査令状請求書－様式第42号
　② 令状とその請求 …………………………………………………………… 44
　③ 身体検査の手続とそれに関する注意 …………………………………… 45
　　＊身体検査調書（甲）－様式第44号
　　＊身体検査調書（乙）－様式第45号
　④ 身体検査の強制 …………………………………………………………… 49
第7節　実況見分 ………………………………………………………………… 50

1 総　説 ………………………………………………………………… 50
　　　2 身体についての実況見分 ………………………………………… 51
　　　3 関係者の立会 ……………………………………………………… 51
　　　4 被疑者の供述による実況見分 …………………………………… 51
　　　5 実況見分を行う場合 ……………………………………………… 52

第2章　検証調書・実況見分調書 …………………………………… 55

第1節　検証調書の作成 ………………………………………………… 55
　　　1 総　説 ………………………………………………………………… 55
　　　2 検証調書の作成者 ………………………………………………… 56
　　　3 検証調書作成の時期及び場所 …………………………………… 56
　　　4 検証調書作成の目的 ……………………………………………… 57
　　　5 検証調書作成の一般的注意事項 ………………………………… 58
　　　　(1) 検証調書は簡明直截に書くべきである。 ………………… 58
　　　　(2) 検証調書は事実に則して記載しなければならない。 …… 59
　　　　(3) 検証調書に作為を施してはならない。 …………………… 60
　　　　(4) 検証調書は、他人に読ませるものであることに留意して作成しな
　　　　　 ければならない。 ……………………………………………… 61
　　　6 検証調書の証拠力 ………………………………………………… 62

第2節　検証調書の記載事項 …………………………………………… 65
　　　1 総　説 ………………………………………………………………… 65
　　　2 被疑者氏名及びその事件の罪名 ………………………………… 66
　　　3 検証をした捜査官の氏名 ………………………………………… 66
　　　　＊検証調書（甲）－様式第40号
　　　　＊検証調書（乙）－様式第41号

④　令状によるときは、令状を示した旨及び令状を示された者、令状発付裁判官氏名、令状発付年月日 ································· 69
　⑤　令状によらないときは、被疑者逮捕の種別 ························· 69
　⑥　検証の年月日時 ··· 70
　⑦　検証の場所又は物 ··· 71
　⑧　検証の目的 ··· 73
　⑨　検証に立会った者の氏名 ··· 73
　⑩　検証に立会った事件関係者の指示説明 ································ 75
　⑪　その他の記載事項 ··· 75
第3節　検証の経過の記載（実質的記載事項） ·························· 76
　①　総　説 ·· 76
　②　現場の位置 ··· 77
　③　現場並びにその付近 ··· 78
　　　【記載例1】屋内の殺人事件の例 ·· 79
　　　【記載例2】屋外（路上）の傷害事件の例 ··························· 80
　④　現場の模様 ··· 81
　⑤　被害状況 ·· 82
　　　【記載例】殺人事件の被害状況の例 ···································· 83
　⑥　証拠物件その他 ·· 85
　　　【記載例1】 ·· 85
　　　【記載例2】 ·· 85
第4節　事件関係者の指示説明 ·· 86
　①　指示説明の性質 ·· 86
　②　指示説明の証拠能力 ··· 87

3 指示説明の具体的な程度（限界） ……………………………………… 87
　第5節　検証者の意見判断 …………………………………………………… 89
　第6節　図　面（見取図の作成） …………………………………………… 92
　　1 総　説 …………………………………………………………………… 92
　　2 用紙、用具 ……………………………………………………………… 94
　　3 作成要領 ………………………………………………………………… 94
　　4 図面の利用法 …………………………………………………………… 96
　　　1「現場の位置」と見取図 ……………………………………………… 96
　　　　【実例1】
　　　　【実例2】
　　　2「現場付近の模様」と見取図 ………………………………………… 97
　　　3「現場の模様」と見取図 ……………………………………………… 98
　　　4 その他 ………………………………………………………………… 99
　第7節　写　真 ………………………………………………………………… 99
　　1 総　説 …………………………………………………………………… 99
　　2 写真の撮り方 …………………………………………………………… 100
　　3 写真の整理 ……………………………………………………………… 101
　　4 写真の利用法 …………………………………………………………… 103
　　　　【実例】
　第8節　検証調書と他の調書との差違 …………………………………… 106
　　1 供述調書との差異 ……………………………………………………… 107
　　2 捜索差押調書との差違 ………………………………………………… 109
　第9節　身体検査調書 ……………………………………………………… 111
　　1 総　説 …………………………………………………………………… 111

　　　　＊身体検査調書（甲）－様式第44号

　　　　＊身体検査調書（乙）－様式第45号

　　② 調書作成上の注意 115

　第10節　実況見分調書 117

　　① 総　説 117

　　② 実況見分調書の証拠能力 118

　　　　＊実況見分調書－様式第46号

　　③ 調書作成上の注意 121

〈第2編　各　論〉

第1章　殺人事件検証調書 125

　第1節　殺人事件の検証調書の留意点 125

　第2節　記　載　例 126

　　　　＊検証調書（甲）－様式第40号

　第3節　解　説 139

第2章　強盗事件実況見分調書 140

　第1節　強盗事件の実況見分調書の留意点 140

　第2節　記　載　例 141

　　　　＊実況見分調書－様式第46号

　第3節　解　説 153

　第4節　記載例（その2） 154

第3章　強盗致死事件検証調書 162

　第1節　強盗致死事件検証調書の留意点 162

　第2節　記　載　例 162

　　　　＊検証調書（甲）－様式第40号
第4章　放火事件検証調書 177
第1節　放火事件検証調書の留意点 177
第2節　記 載 例 178
　　　　＊検証調書（甲）－様式第40号
第3節　解　説 183
第4節　記 載 例（その2） 184
　　　「被害の状況」
第5章　失火事件実況見分調書 189
第1節　失火事件実況見分調書の留意点 189
第2節　記 載 例 189
　　　　＊実況見分調書－様式第46号
第6章　窃盗事件実況見分調書 195
第1節　窃盗事件実況見分調書の留意点 195
第2節　記 載 例 195
　　　　＊実況見分調書－様式第46号
第7章　特殊な検証調書・実況見分調書 204
第1節　所要時間の実況見分調書の記載例 204
　　　　＊実況見分調書－様式第46号
第2節　見通し状況の実況見分調書の記載例 209
第3節　隠匿物等発見のための検証調書の記載例 213
第4節　身体検査調書の記載例 217
　　　１　盗品等の発見 217
　　　　＊身体検査調書（甲）－様式第44号

2 身体的特徴の確認（入墨の確認) 219
　　　　＊身体検査調書（乙）－様式第45号

第8章　簡易書式による実況見分調書の記載例 221
第1節　窃盗事件の記載例 222
　　【事案の概要】.. 222
　　　　＊実況見分調書（甲の1）－（簡）様式第5号
第2節　傷害事件の記載例 225
　　【事案の概要】.. 225
　　　　＊実況見分調書（甲の1）－（簡）様式第5号
第3節　暴行事件の記載例 228
　　【事案の概要】.. 228
　　　　＊実況見分調書（甲の1）－（簡）様式第5号
第4節　軽犯罪法違反事件の記載例（同法1条23号）................ 231
　　【事案の概要】.. 231
　　　　＊実況見分調書（甲の1）－（簡）様式第5号

第1編　総　論

総　説
第1章　検証と実況見分
第2章　検証調書・実況見分調書

総　　　説

1　犯罪の捜査は、犯罪の現場にはじまり、現場の再現によって終るとさえいわれている。犯罪の現場には、捜査のために必要な有形無形の資料が、どこにでも転がっているのであって、捜査官はこの資料を発見収集して、犯人を探知するとともに、これらの資料を後日に保存して、公訴の維持に努めなければならない。有形の資料、特にそれが後日に残せる物的なものであれば、それを証拠品として押収して保存することができるのであるが、現場の状況といった無形の資料、あるいは有形のものでも人体のように証拠品となりえないようなものについては、検証調書、実況見分調書による以外には、これを後日に残すすべがないのである。

　もちろん後述のように、検証、実況見分は犯罪現場についてのみ行われるものとは限らない。しかし、いずれにせよ、これらの調書は、有形無形の証拠資料の状況を描写することによって、その資料の姿を後日に残す大切な調書である。

2　検証には大体次の二つの場合があると思う。すなわち、

　　ア　検証によってなんらかの証拠を引き出そうとするもの
　　イ　すでに一定の事実がわかっていて、果してその事実が真実かどうか、検証の結果と符合するかどうかを確かめようとするもの

である。犯人不明の殺人現場の検証は前者であり、被疑者の供述によって凶器を捨てた場所を検証するのは後者である。大体において、アの場合は複雑で困難を伴い、イの場合はそれに比べ比較的簡単である。

もともと、検証というのは、裁判所の行う手続である。刑訴第128条に「裁判所は、事実発見のため必要があるときは、検証することができる」とあるのが、それである。しかし、ここで問題にしようとしているのは、捜査機関の行う強制捜査手続としての検証である。検察官、検察事務官、司法警察職員は、次の3つの場合に、検証をすることができるものとされている。

　① 犯罪の捜査について必要があり、裁判官の発する令状（検証許可状）を得て行う場合（刑訴218条1項（☞次頁参照））。

　② 犯人逮捕（通常、緊急、現行犯）に際して、検証の必要があり、逮捕の現場で行う場合（刑訴220条1項2号（☞次頁参照））。

　③ 検察事務官、司法警察職員が、勾引状、勾留状を執行するに際して、検証の必要があり、執行の場所で行う場合（刑訴220条4項（☞次頁参照））。

このうち、②、③の場合は、裁判官の令状がなくても、検証をすることができるのである。捜査機関の行う検証としては、上記のうち①および②の場合が一番多い。

3　「検証」は、強制捜査手続である。したがって、裁判所の行う検証とまったく同様に強制力を行使することができる。しかし、前記①の場合であっても、その令状が得られない場合、あるいは強制力を使わなくても検証と同様な効果をあげうる場合には、捜査機関は実況見分を行うことができる。「実況見分」は、任意の捜査手続である。したがって、実況見分を行っているうちに、強制力を行使する必要が生じた場合には、一時その実況見分を中止し、裁判官の令状を得て、改めて検証をすべきであろう。

4　裁判所の行う検証は証拠調べであるが、**捜査機関の行う検証、実況見分は捜査の手段であり、証拠の保存方法の一種である**。検証に当って、裁判官は自ら知覚し、実験認識することに眼目をおけばよいが、捜査機関は、自ら知覚、体験して、それによって捜査を進める一方、この検証の結果を保存して、後日公判にお

いてそれを裁判官に伝えなければならない。したがって**捜査機関の作成する検証調書や実況見分調書は、裁判官に、捜査機関の知覚経験した結果を伝える**という点で、裁判所の作成する検証調書と違うばかりでなく、またこの点にこそ作成の主眼を置かなければならない。

　それでは、検証や実況見分は、どのような場合に実施する必要があるのであろうか。それは、事案事案によって判断するよりほかはない。一般的にいえば、放火・失火・殺人・傷害致死・業務上過失致死傷・強姦・強盗・といった犯罪の捜査には、必ず検証か、実況見分を必要とするし、窃盗・恐喝・住居侵入等も必要な場合が少なくない。

【刑事訴訟法】
第128条　裁判所は、事実発見のため必要があるときは、検証することができる。
第218条　検察官、検察事務官又は司法警察職員は、犯罪の捜査をするについて必要があるときは、裁判官の発する令状により、差押、捜索又は検証をすることができる。この場合において身体の検査は、身体検査令状によらなければならない。
② 差し押さえるべき物が電子計算機であるときは、当該電子計算機に電気通信回線で接続している記録媒体であつて、当該電子計算機で作成若しくは変更をした電磁的記録又は当該電子計算機で変更若しくは消去をすることができることとされている電磁的記録を保管するために使用されていると認めるに足りる状況にあるものから、その電磁的記録を当該電子計算機又は他の記録媒体に複写した上、当該電子計算機又は当該他の記録媒体を差し押さえることができる。
③ 身体の拘束を受けている被疑者の指紋若しくは足型を採取し、身長若しくは体重を測定し、又は写真を撮影するには、被疑者を裸にしない限り、第1項の令状によることを要しない。
④ 第1項の令状は、検察官、検察事務官又は司法警察員の請求により、これを発する。
⑤ 検察官、検察事務官又は司法警察員は、身体検査令状の請求をするには、身体の検査を必要とする理由及び身体の検査を受ける者の性別、健康状態その他裁判所の規則で定める事項を示さなければならない。
⑥ 裁判官は、身体の検査に関し、適当と認める条件を附することができる。
第220条　検察官、検察事務官又は司法警察職員は、第199条の規定により被疑者を逮捕する場合又は現行犯人を逮捕する場合において必要があるときは、左の処分をすることができる。第210条の規定により被疑者を逮捕する場合において必要があるときも、同様である。
　一　人の住居又は人の看守する邸宅、建造物若しくは船舶内に入り被疑者の捜索をすること。
　二　逮捕の現場で差押、捜索又は検証をすること。
② 前項後段の場合において逮捕状が得られなかつたときは、差押物は、直ちにこれを還付しなければならない。
③ 第1項の処分をするには、令状は、これを必要としない。
④ 第1項第2号及び前項の規定は、検察事務官又は司法警察職員が勾引状又は勾留状を執行する場合にこれを準用する。被疑者に対して発せられた勾引状又は勾留状を執行する場合には、第1項第1号の規定をも準用する。

第1章　検証と実況見分

第1節　検証の意義

「検証」とは、物的証拠について、その存在および状態を五官の作用で実験・認識することによって行う真実発見のための強制捜査手続である。人の身体や場所も、物として検証の対象となる。

犯罪現場に臨んで犯行当時の状況を取り調べる場合を「**通常検証**」といっているが、検証はこれに限られない。証人について、その供述のさいの挙動、発言の模様等を観察することも検証であるし、書証について、その配字・墨色・筆跡などを取り調べることもまた検証の一種である。すなわち、「**広義の検証**」のうちには、証人尋問・鑑定・通訳・翻訳等も含まれるが、訴訟法では、これらを別に規定して、検証と区別している。また、公判廷で裁判官が行う個々の物についての検証は、刑訴法上「**証拠物の取調**」と呼ばれ、特別の方式が定められている（刑訴306条）。

「**身体検査**」も身体に対する検証であるが（刑訴129条）、強制捜査手続として行う場合には、特に人身保障の見地から、一般の検証から切り離し、検証令状とは別に、

【刑事訴訟法】
第306条　検察官、被告人又は弁護人の請求により、証拠物の取調をするについては、裁判長は、請求をした者をしてこれを示させなければならない。但し、裁判長は、自らこれを示し、又は陪席の裁判官若しくは裁判所書記にこれを示させることができる。
② 裁判所が職権で証拠物の取調をするについては、裁判長は、自らこれを訴訟関係人に示し、又は陪席の裁判官若しくは裁判所書記にこれを示させなければならない。

身体検査令状を必要とすることにしている（刑訴218条1項後段（☞5頁参照））。ただし、令状なしに検証できる場合（刑訴220条（☞5頁参照））には、身体検査にも令状を要しない。

「**司法検視**（刑訴229条）」は、五官の作用により、変死体または変死の疑いのある死体を検査して、犯罪の嫌疑の有無を発見するため行われる処分で、検察官または検察官の命を受けた検察事務官、あるいは司法警察職員の行うものである。五官の作用で行う点では検証と似ているが、検証と異なり強制捜査手段ではなく、犯罪捜査の前提となる任意手続であるから、もちろん令状は必要としない。もっとも、司法検視等により犯罪の嫌疑を認めて死因等を解明するため司法解剖をする場合は、検証令状（刑訴222条1項（☞次頁参照）、129条）又は鑑定処分令状（刑訴225条（☞次頁参照）、168条）を要する。

【刑事訴訟法】
第129条　検証については、身体の検査、死体の解剖、墳墓の発掘、物の破壊その他必要な処分をすることができる。
第168条　鑑定人は、鑑定について必要がある場合には、裁判所の許可を受けて、人の住居若しくは人の看守する邸宅、建造物若しくは船舶内に入り、身体を検査し、死体を解剖し、墳墓を発掘し、又は物を破壊することができる。
②　裁判所は、前項の許可をするには、被告人の氏名、罪名及び立ち入るべき場所、検査すべき身体、解剖すべき死体、発掘すべき墳墓又は破壊すべき物並びに鑑定人の氏名その他裁判所の規則で定める事項を記載した許可状を発して、これをしなければならない。
③　裁判所は、身体の検査に関し、適当と認める条件を附することができる。
④　鑑定人は、第1項の処分を受ける者に許可状を示さなければならない。
⑤　前3項の規定は、鑑定人が公判廷でする第1項の処分については、これを適用しない。
⑥　第131条、第137条、第138条及び第140条の規定は、鑑定人の第1項の規定によつてする身体の検査についてこれを準用する。
第229条　変死者又は変死の疑のある死体があるときは、その所在地を管轄する地方検察庁又は区検察庁の検察官は、検視をしなければならない。
②　検察官は、検察事務官又は司法警察員に前項の処分をさせることができる。

第2節　検証の性質

1 検証は物に対する処分である

「**検証**」は、物の存在または状態が証拠となるもの、すなわち、物的証拠に対する処分である。この場合、物の範囲には制限がない。「**五官の作用**」で認識することができるものである限り、有体物であると無体物であるとを問わないし、動産・不動産・生物・無生物のいずれでもよい。場所はもちろん、人の身体も含まれる。書面も、それに表現された意味そのものが取り調べられる限り、検証の対象とはならないが、その存在または状態等、例えば、紙質・墨色・筆跡などを調べるようなときは、検証の対象となる。

検証の対象として電話等の通信が傍受できるか否か論議されていたが、**刑訴法の**

【刑事訴訟法】
第222条　第99条、第100条、第102条乃至第105条、第110条乃至第112条、第114条、第115条及び第118条乃至第124条の規定は、検察官、検察事務官又は司法警察職員が第218条、第220条及び前条の規定によつてする押収又は捜索について、第110条、第112条、第114条、第118条、第129条、第131条及び第137条乃至第140条の規定は、検察官、検察事務官又は司法警察職員が第218条又は第220条の規定によつてする検証についてこれを準用する。但し、司法巡査は、第122条乃至第124条に規定する処分をすることができない。
② 第220条の規定により被疑者を捜索する場合において急速を要するときは、第114条第2項の規定によることを要しない。
③ 第116条及び第117条の規定は、検察官、検察事務官又は司法警察職員が第218条の規定によつてする押収又は捜索について、これを準用する。
④ 日出前、日没後には、令状に夜間でも検証をすることができる旨の記載がなければ、検察官、検察事務官又は司法警察職員は、第218条の規定によつてする検証のため、人の住居又は人の看守する邸宅、建造物若しくは船舶内に入ることができない。但し、第117条に規定する場所については、この限りでない。
⑤ 日没前検証に着手したときは、日没後でもその処分を継続することができる。
⑥ 検察官、検察事務官又は司法警察職員は、第218条の規定により差押、捜索又は検証をするについて必要があるときは、被疑者をこれに立ち会わせることができる。
⑦ 第1項の規定により、身体の検査を拒んだ者を過料に処し、又はこれに賠償を命ずべきときは、裁判所にその処分を請求しなければならない。
第225条　第223条第1項の規定による鑑定の嘱託を受けた者は、裁判官の許可を受けて、第168条第1項に規定する処分をすることができる。
② 前項の許可の請求は、検察官、検察事務官又は司法警察員からこれをしなければならない。
③ 裁判官は、前項の請求を相当と認めるときは、許可状を発しなければならない。
④ 第168条第2項乃至第4項及び第6項の規定は、前項の許可状についてこれを準用する。

改正（刑訴222の２）及び犯罪捜査のための通信傍受に関する法律（通信傍受法）の制定によりこれが認められた。この場合、検証令状ではなく地方裁判所裁判官の発する傍受令状を要する（通信傍受法４条）。なお、他人間の通信であってもその当事者のいずれかの同意がある場合は、任意処分（刑訴法197条１項）として傍受することができる。そして、いずれの場合も、傍受した通信の記録媒体は証拠物に準じた取り扱いをすることになるであろうし、通信内容を記録した文書は検証調書として性質を有することになるであろう。

2 検証は、捜査官が五官の作用によって直接実験認識する処分である

「検証」は、五官の作用、特に視覚によって直接実験認識するものである。眼で

【刑事訴訟法】
第197条　捜査については、その目的を達するため必要な取調をすることができる。但し、強制の処分は、この法律に特別の定のある場合でなければ、これをすることができない。
② 捜査については、公務所又は公私の団体に照会して必要な事項の報告を求めることができる。
③ 検察官、検察事務官又は司法警察員は、差押え又は記録命令付差押えをするため必要があるときは、電気通信を行うための設備を他人の通信の用に供する事業を営む者又は自己の業務のために不特定若しくは多数の者の通信を媒介することのできる電気通信を行うための設備を設置している者に対し、その業務上記録している電気通信の送信元、送信先、通信日時その他の通信履歴の電磁的記録のうち必要なものを特定し、30日を超えない期間を定めて、これを消去しないよう、書面で求めることができる。この場合において、当該電磁的記録について差押え又は記録命令付差押えをする必要がないと認めるに至つたときは、当該求めを取り消さなければならない。
④ 前項の規定により消去しないよう求める期間については、特に必要があるときは、30日を超えない範囲内で延長することができる。ただし、消去しないよう求める期間は、通じて60日を超えることができない。
⑤ 第２項又は第３項の規定による求めを行う場合において、必要があるときは、みだりにこれらに関する事項を漏らさないよう求めることができる。
第222条の２　通信の当事者のいずれの同意も得ないで電気通信の傍受を行う強制の処分については、別に法律で定めるところによる。
【通信傍受法】
（令状請求の手続）
第４条　傍受令状の請求は、検察官（検事総長が指定する検事に限る。次項及び第７条において同じ。）又は司法警察員（国家公安委員会又は都道府県公安委員会が指定する警視以上の警察官、厚生労働大臣が指定する麻薬取締官及び海上保安庁長官が指定する海上保安官に限る。同項及び同条において同じ。）から地方裁判所の裁判官にこれをしなければならない。
２　検察官又は司法警察員は、前項の請求をする場合において、当該請求に係る被疑事実の全部又は一部と同一の被疑事実について、前に同一の通信手段を対象とする傍受令状の請求又はその発付があったときは、その旨を裁判官に通知しなければならない。

見（**視覚**）、耳で聴き（**聴覚**）、鼻でかぎ（**嗅覚**）、舌で味わい（**味覚**）、手で触れ（**触覚**）、これらの知覚を基礎とし、自分の持っている一般の概念と経験則によって判断を下して行く処分が検証である。

また、検証は捜査官が直接的に認識するものである。この点、証人の証言とか、鑑定人の供述といったもののように、第三者の得た認識を仲介として、間接的に認織するものと区別される。

3 **検証は強制処分である**

裁判官の行う検証は証拠調べであるが、捜査機関の行う検証は、**強制捜査手続**の一種である。検証が行われる場合には、検証の対象となった物の所有者、所持者、管理者等は検証を受けることを受忍しなければならず、これを拒むことはできない。したがって、捜査機関が検証を行う場合には、**原則として裁判官の令状が必要である**ことは前にも述べたとおりである（例外、刑訴220条（☞5頁参照））。

捜査官は、検証のために、どこにでも出入りすることができる。その場所の所有者、管理者等はこれを拒むことができない。ただし、令状による検証の場合、令状に夜間でも検証をすることができる旨の記載がなければ、日出前、日没後は、人の住居または人の看守する邸宅、建造物もしくは船舶内に入ることができない。もっとも、賭博、富くじ、または風俗を害する行為に常用されるものと認められる場所には、いつでも立ち入って検証をすることができるし、旅館、飲食店、その他夜間でも公衆が出入りすることができる場所については、その公開時間中であれば、いつでも立ち入って検証をすることができる（刑訴222条4項）。また、日没前に検証に着手したときは、日没後になっても、引き続きその処分を進めることができる（同条5項）。令状によらない検証（刑訴220条）の場合には、その性格からみて、夜間でも検証をすることができるのは当然であろう。

検証については、死体の解剖、墳墓の発掘、物の破壊その他必要な処分をするこ

とができる（刑訴222条1項（☞8頁参照）、129条（☞7頁参照））。

「死体解剖」には、検証としての死体解剖と鑑定としての死体解剖（刑訴168条（☞7頁参照））とがある。検証のための死体解剖は、鑑定のように特別の知識経験に基づく実験判断のためのものではないから、捜査機関が自ら解剖を行うことも許されるが、その方法や程度も自ら制限され、簡単な皮膚の切開といった一般人の行い得る程度以上にはできないと解さざるをえない。医師等に嘱託して行う死体解剖は、もはや検証ではなくて、鑑定嘱託による処分としての死体解剖である。実務上は、死体解剖は、検証として行うより、むしろ鑑定嘱託として行う方が妥当な場合が多いであろう。

「墳墓の発掘」は、元来刑法上の犯罪である（刑法189条）。しかし、検証のためならば、許されるのである。これにも検証のための墳墓発掘のほかに、鑑定のための墳墓発掘（刑訴168条1項（☞7頁参照））がある。鑑定処分としての墳墓発掘は、医師その他の専門家が、特別の知識に基づく実験判断のために行うものであって、第三者に嘱託して行われる。検証の場合は、これと異なり、捜査機関が自ら一般人の行い得る程度に知覚によって判断するものである。

「身体検査」には、別に身体検査令状が必要であることは前にも述べたが（☞6頁参照）、令状によらない検証の場合には、身体検査は検証に含まれるから、令状なしに身体検査もすることができる。

　検証をしているあいだ、捜査官は無用の者がその場所に出入りすることを禁止することができるし、この禁止に従わない者を退去させ、あるいは検証終了まで、その者に看守者をつけることもできる（刑訴222条1項、112条（☞次頁参照））。ま

【刑法】
（墳墓発掘）
第189条　墳墓を発掘した者は、2年以下の懲役に処する。

た、検証を中止する場合に、検証が終るまで、その場所を閉鎖したり、そこに看守者をおくこともできる（刑訴222条（☞8頁参照）、118条）。

第3節　検証令状（検証許可状）

1 令状の請求権者

　検証は、原則として裁判官の令状を得てこれをしなければならない。この場合、令状の請求権者は、「検察官」・「検察事務官」・「司法警察員」である（刑訴218条4項（☞5頁参照））。司法巡査は令状によって検証をすることはできるが、令状を請求することはできない。また、司法警察員が請求する場合であっても、やむを得ない事情があるとき以外は、原則として「指定司法警察員」（国家公安委員会、都道府県公安委員会が指定する警部以上の警察官）が請求することになっている（捜査規範137条1項）。捜査規範では、その場合にも上司の指揮をえさせ（同条2項）、令状請求簿に記載して、手続、発付後の状況等を明らかにさせる（同条3項）など、慎重な手続をきめ、捜査に行き過ぎのないように特に考慮をしている。

【刑事訴訟法】
第112条　差押状、記録命令付差押状又は捜索状の執行中は、何人に対しても、許可を得ないでその場所に出入りすることを禁止することができる。
②　前項の禁止に従わない者は、これを退去させ、又は執行が終わるまでこれに看守者を付することができる。
第118条　差押状、記録命令付差押状又は捜索状の執行を中止する場合において必要があるときは、執行が終わるまでその場所を閉鎖し、又は看守者を置くことができる。
【犯罪捜査規範】
（令状の請求）
第137条　刑訴法第218条第1項の規定による捜索、差押え、記録命令付差押え、検証又は身体検査の令状は、指定司法警察員がこれを請求するものとする。ただし、やむを得ないときは、他の司法警察員が請求しても差し支えない。
2　前項の令状を請求するに当たつては、順を経て警察本部長又は警察署長に報告し、その指揮を受けなければならない。ただし、急速を要し、指揮を受けるいとまのない場合には、請求後速やかに、その旨を報告するものとする。
3　第1項の令状を請求したときは、令状請求簿により、請求の手続、発付後の状況等を明らかにしておかなければならない。

2 令状の請求先

 検証令状の請求先は、その事件の管轄のいかんにかかわらず、請求権者の所属する警察、検察庁の所在地を管轄する地方裁判所または簡易裁判所の裁判官である（刑訴規則299条1項）。その事件の事物管轄や土地管轄に限らない。たとえば、強盗事件の検証令状を簡易裁判所に請求することもできるし、東京の警視庁の警察官が、さいたま市内の某所の検証をしようとするときには、令状の請求先はさいたまの裁判所ではなく、東京の裁判所の裁判官になるわけである。しかし、これは原則であって、やむをえない事情があるときは、最寄りの下級裁判所の裁判官に請求することができる（前同条1項但書）。すなわち、警視庁の刑事が札幌出張中、急に同市内の検証が必要となったときには、札幌簡裁の裁判官に請求すればよいわけである。

3 請求の要件

① 犯罪捜査のため必要がある場合（刑訴218条（☞5頁参照））。
② 被疑者又は被告人が罪を犯したと思料すべき事情の存する場合（刑訴規則156条1項（☞次頁参照））。

 上記の2要件がそろえば、検証令状の請求ができる。逮捕状請求の場合には、被疑者が罪を犯したことを疑うに足りる相当な理由がなければならないとされているが（刑訴199条（☞次頁参照））、検証はそれより多少嫌疑が薄い場合でも請求できるわけである。これは検証が犯罪捜査の過程において行われ、この検証によって、

【刑事訴訟規則】
（裁判官に対する取調等の請求）
第299条　検察官、検察事務官又は司法警察職員の裁判官に対する取調、処分又は令状の請求は、当該事件の管轄にかかわらず、これらの者の所属する官公署の所在地を管轄する地方裁判所又は簡易裁判所の裁判官にこれをしなければならない。但し、やむを得ない事情があるときは、最寄の下級裁判所の裁判官にこれをすることができる。
2　前項の請求は、少年事件については、同項本文の規定にかかわらず、同項に規定する者の所属する官公署の所在地を管轄する家庭裁判所の裁判官にもこれをすることができる。

【刑事訴訟法】
第199条　検察官、検察事務官又は司法警察職員は、被疑者が罪を犯したことを疑うに足りる相当な理由があるときは、裁判官のあらかじめ発する逮捕状により、これを逮捕することができる。ただし、30万円（刑法、暴力行為等処罰に関する法律及び経済関係罰則の整備に関する法律の罪以外の罪については、当分の間、2万円）以下の罰金、拘留又は科料に当たる罪については、被疑者が定まった住居を有しない場合又は正当な理由がなく前条の規定による出頭の求めに応じない場合に限る。
② 裁判官は、被疑者が罪を犯したことを疑うに足りる相当な理由があると認めるときは、検察官又は司法警察員（警察官たる司法警察員については、国家公安委員会又は都道府県公安委員会が指定する警部以上の者に限る。以下本条において同じ。）の請求により、前項の逮捕状を発する。但し、明らかに逮捕の必要がないと認めるときは、この限りでない。
③ 検察官又は司法警察員は、第1項の逮捕状を請求する場合において、同一の犯罪事実についてその被疑者に対し前に逮捕状の請求又はその発付があつたときは、その旨を裁判所に通知しなければならない。

【刑事訴訟規則】
（令状請求の方式）
第139条　令状の請求は、書面でこれをしなければならない。
2　逮捕状の請求書には、謄本1通を添附しなければならない。
（差押え等の令状請求書の記載要件）
第155条　差押え、記録命令付差押え、捜索又は検証のための令状の請求書には、次に掲げる事項を記載しなければならない。
　一　差し押さえるべき物、記録させ若しくは印刷させるべき電磁的記録及びこれを記録させ若しくは印刷させるべき者又は捜索し若しくは検証すべき場所、身体若しくは物
　二　請求者の官公職氏名
　三　被疑者又は被告人の氏名（被疑者又は被告人が法人であるときは、その名称）
　四　罪名及び犯罪事実の要旨
　五　7日を超える有効期間を必要とするときは、その旨及び事由
　六　法第218条第2項の場合には、差し押さえるべき電子計算機に電気通信回線で接続している記録媒体であつて、その電磁的記録を複写すべきものの範囲
　七　日出前又は日没後に差押え、記録命令付差押え、捜索又は検証をする必要があるときは、その旨及び事由
2　身体検査令状の請求書には、前項に規定する事項のほか、法第218条第5項に規定する事項を記載しなければならない。
3　被疑者又は被告人の氏名又は名称が明らかでないときは、その旨を記載すれば足りる。
（資料の提供）
第156条　前条第1項の請求をするには、被疑者又は被告人が罪を犯したと思料されるべき資料を提供しなければならない。
2　郵便物、信書便物又は電信に関する書類で法令の規定に基づき通信事務を取り扱う者が保管し、又は所持するもの（被疑者若しくは被告人から発し、又は被疑者若しくは被告人に対して発したものを除く。）の差押えのための令状を請求するには、その物が被疑事件又は被告事件に関係があると認めるに足りる状況があることを認めるべき資料を提供しなければならない。
3　被疑者又は被告人以外の者の身体、物又は住居その他の場所についての捜索のための令状を請求するには、差し押さえるべき物の存在を認めるに足りる状況があることを認めるべき資料を提供しなければならない。

犯人および犯罪事実を捜査して行くことが多いものである以上、当然であろう。

4 請求の方式

検証令状の請求は、書面で行う（刑訴規則139条（☞前頁参照））。検証令状の請求書には次の事項を記載しなければならない（同規則155条）。

① 検証すべき場所、身体または物
② 請求者の官公職氏名
③ 被疑者の氏名（法人であるときはその名称）
④ 罪名および犯罪事実の要旨
⑤ 7日を超える有効期間を必要とするときは、その旨および事由
⑥ 日出前、日没後に検証をする必要があるときは、その旨および事由

次に検証令状請求書の様式を示そう（☞次頁参照）。

これは、最高検察庁で定めた平成12年3月30日最高検企第54号指示「司法警察職員捜査書類基本書式例の全部改正について」の様式第24号に定められ、差押や捜索の令状請求にも共通の様式である。

検証すべき場所、身体または物は特定していなければならない。犯罪捜査規範においても、検証すべき場所、身体または物は、捜査に必要かつ十分な範囲で明確にするよう要求している（規範138条）。身体または物の特定についてはあまり問題はない。場所の特定は、社会通念上特定できる程度であれば、

【犯罪捜査規範】
（令状請求の際の注意）
第138条　捜索、差押え、記録命令付差押え、検証又は身体検査の令状を請求するに当たつては、捜査に必要かつ十分な範囲を定め、捜索すべき場所、身体若しくは物、差し押さえるべき物、記録させ若しくは印刷させるべき電磁的記録及びこれを記録させ若しくは印刷させるべき者、検証すべき場所、身体若しくは物又は検査すべき身体の部位等を明確にして行わなければならない。
2　刑訴法第218条第2項の規定による差押えの令状を請求するに当たつては、前項に規定する事項のほか、差し押さえるべき電子計算機に電気通信回線で接続している記録媒体であつて、その電磁的記録を複写すべきものの範囲を明確にして行わなければならない。

様式第24号　(刑訴第218条,規則第139条,第155条,第156条)

捜　索
差押許可状請求書
検　証

　　　　　　　　　　　　　　　　　　　　　　年　月　日

　　　裁判所
　　　　裁判官　殿

　　　　　　　　　　警察署
　　　　　　　　司法警察員　　　　　　　　　㊞

　下記被疑者に対する　　　　　　被疑事件につき,
許可状の発付を請求する。

　　　　　　　　　　記

1　被疑者の氏名

　　　　　　　　　　　　年　　月　　日生（　　歳）

2　差し押さえるべき物

3　捜索し又は検証すべき場所,身体若しくは物

4　7日を超える有効期間を必要とするときは,その期間及び事由

5　日出前又は日没後に行う必要があるときは,その旨及び事由

6　犯罪事実の要旨

(注意)　1　被疑者の氏名,年齢又は名称が明らかでないときは,不詳と記載すること。
　　　　2　事例に応じ,不要の文字を削ること。

（用紙　日本工業規格Ａ４）

「○市○町○丁目○番地およびその付近一帯」

とか

　　　「○市○町○番地甲野一郎方住居」

といった記載でよい。事案によっては、多数の住居を含む広汎な地域を一つの検証の場所ときめることも可能であるし、またどこまで検証の必要があるか、あらかじめわからぬことも多いから、むしろ請求には特定できる範囲で、なるべく広く地域を定めておいたほうがよい。

　実際には、検証令状を請求するときには、まだ、被疑者の氏名がわからない場合が多い。たとえば、殺人事件で死体だけが発見されたような場合には、まだ犯人はわからないわけである。こういったときには、氏名の記載のしようがないから、氏名がわからない旨を記載しておけばよいものとされている（刑訴規則155条3項（☞14頁参照））。通常この場合には「被疑者氏名不詳」と記載する。犯罪事実の要旨の記載もこれと同じで、わかっているだけを書けばよい。たとえば、

　　　「被疑者は平成○○年○月○日ころ東京都内において氏名不詳の男（年令
　　　30才位）を殺害したものである」

くらいに書いておけば足りる。罪名も、請求当時考えられる罪名を記載しておけばよい。

　夜間であっても、道路・空地・公園といった場所とか、賭博場、公開時間中の飲食店といったところは、令状に夜間行うことができる旨の記載がなくても、検証できるし、日没前に検証を開始すれば、終了は日没後になっても検証ができるわけであるが（刑訴222条4項、5項（☞8頁参照））、上記のような場所を夜間検証をする場合とか、検証が夜間におよぶおそれがあるような場合には、令状請求書には前記⑥（☞15頁参照）の記載をしておいて、その旨の令状を受けるようにすべきであろう。これには、たとえば

「事件の発覚が午前8時半であり、かつ犯行現場が変更されるおそれがあり、急速に検証を実施する必要がある。」

というように、その必要性を簡明に記載する。

なお、同じ強制捜査手続であっても、逮捕の場合には軽微事件（一般的には罰金30万円以下。特別法の大部分については、罰金2万円以下の事件）の例外があるが、検証にはこのような制限がないことに注意を要する。

また、令状請求にあたって、前記の請求書のほかに前記③「請求の要件」の②（☞13頁参照）に記載した「被疑者または被告人（氏名不詳でもよい）が罪を犯したと思料されるべき資料」を提供しなければならないのは、けだし当然であろう（刑訴規則156条1項（☞14頁参照））。この資料は、裁判官に検証を必要とすることを納得させるものであればよい。したがって事案によって異なるが、一般には被疑者または被害者の供述調書・参考人供述調書・捜査報告書・電話聴取書・被害届等が考えられる。

同一場所および同一機会において、検証のほかに捜索、差押を行う例も少なくない。このような場合には、1通の請求書で、検証・捜索・差押を請求することも許される。令状も検証・捜索・差押許可状として、1通で発付することができる。

なお、令状の有効期間は、一般的に7日（初日不算入）であるが（刑訴規則300条本文）、裁判官が相当と認めるときには、7日を超える期間を定めることができる。この場合には、捜査機関が令状請求書に記載して請求するのであるが（前記⑤☞15頁参照）、検証令状の場合には、7日以上を必要とすることは、ほとんどないであろう。7日以上を必要とする場合には、たとえば、

【刑事訴訟規則】
（令状の有効期間）
第300条　令状の有効期間は、令状発付の日から7日とする。但し、裁判所又は裁判官は、相当と認めるときは、7日を超える期間を定めることができる。

「14日間、検証現場は離島であり、片道少なくとも10日を要するため」というように記載しておけばよい。

5 令状の発付、却下

　令状の請求があった場合に、裁判官はその請求が要件を満たしていると認めたときには令状を発付し、そうでないときには却下する。却下するには、請求書にその旨を記載して記名押印して請求者に交付すればよい（刑訴規則140条）。いずれの場合でも裁判官は速やかに請求書を請求者に返還せねばならない（同規則141条）。

　この場合、裁判官は検証の必要性まで判断すべきか否かは、議論があるが、令状主義が司法的抑制を本旨とするものである以上、必要性まで判断できると積極的に解すべきであろう。したがって、裁判官は検証の必要がないと認めて、これを却下することができる。

6 検証令状（検証許可状）

　検証令状（☞次頁参照）には次に掲げる事項を記載した上、発付裁判官がこれに記名押印しなければならない（刑訴219条（☞21頁参照））。

　　① 被疑者の氏名、名称
　　② 罪名
　　③ 検証すべき場所、身体または物
　　④ 有効期間およびその期間経過後は、検証に着手することができず、令

【刑事訴訟規則】
（令状請求の却下）
第140条　裁判官が令状の請求を却下するには、請求書にその旨を記載し、記名押印してこれを請求者に交付すれば足りる。
（令状請求書の返還）
第141条　裁判官は、令状を発し、又は令状の請求を却下したときは、前条の場合を除いて、速やかに令状の請求書を請求者に返還しなければならない。

検証許可状

被疑者の氏名及び年齢	年　月　日生

被疑者に対する　　　　　　　　　　　　　　　　　　被疑事件
について，下記のとおり検証をすることを許可する。

検証すべき場所又は物	

有　効　期　間	平成　年　月　日まで

　有効期間経過後は，この令状により検証に着手することができない。この場合には，これを当裁判所に返還しなければならない。
　有効期間内であっても，検証の必要がなくなったときは，直ちにこれを当裁判所に返還しなければならない。

　　平成　年　月　日

　　　　　　　　裁　判　所
　　　　　　　裁　判　官

請求者の官公職氏名	

状は返還しなければならない旨。

　⑤　有効期間内でも、検証の必要がなくなったときは、直ちに返還しなければならない旨。

　⑥　日出前、日没後に検証をする必要があるときは、それができる旨。

　被疑者または被告人の氏名、名称がわからないときは、「氏名不詳者」でよいし、ほかに人相、体格などで特定できれば、それで十分である（刑訴219条3項、64条2項、同規則155条3項（☞14頁参照））。

　被疑事実は、令状に記載する必要はない。また、検証すべき場所、身体または物の特定については、請求書に関して述べたのと全く同様である。

　この令状の性格は、裁判官が捜査機関にその機関が検証をすることを認めた許可状である。この点では逮捕状と同様であろう。しかし、逮捕状等には令状の執行という観念があるが、検証令状には、その性質上令状の執行ということはありえない。

【刑事訴訟法】
第64条　勾引状又は勾留状には、被告人の氏名及び住居、罪名、公訴事実の要旨、引致すべき場所又は勾留すべき刑事施設、有効期間及びその期間経過後は執行に着手することができず令状はこれを返還しなければならない旨並びに発付の年月日その他裁判所の規則で定める事項を記載し、裁判長又は受命裁判官が、これに記名押印しなければならない。
②　被告人の氏名が明らかでないときは、人相、体格その他被告人を特定するに足りる事項で被告人を指示することができる。
③　被告人の住居が明らかでないときは、これを記載することを要しない。
第219条　前条の令状には、被疑者若しくは被告人の氏名、罪名、差し押さえるべき物、記録させ若しくは印刷させるべき電磁的記録及びこれを記録させ若しくは印刷させるべき者、捜索すべき場所、身体若しくは物、検証すべき場所若しくは物又は検査すべき身体及び身体の検査に関する条件、有効期間及びその期間経過後は差押え、記録命令付差押え、捜索又は検証に着手することができず令状はこれを返還しなければならない旨並びに発付の年月日その他裁判所の規則で定める事項を記載し、裁判官が、これに記名押印しなければならない。
②　前条第2項の場合には、同条の令状に、前項に規定する事項のほか、差し押さえるべき電子計算機に電気通信回線で接続している記録媒体であつて、その電磁的記録を複写すべきものの範囲を記載しなければならない。
③　第64条第2項の規定は、前条の令状についてこれを準用する。

第4節　検証の準備

1 携行品

　検証は、捜査機関の官公署内で物について行うこともあろうが、多くの場合は犯行現場等に出向いて検証をすることになるであろう。しかも、殺人事件のように突発的な事件で急遽出動するような事例も少なくないし、時間的、場所的な制約から、ごく限られた小人数、極端な場合は独力で検証をすることも考えられる。捜査官はこういったことを予想し、平素から検証用の携行品等を準備して、これを袋とか鞄とかに一まとめにしておき、いざという時にあわてないようにしておかなければならない。よく、検証の現場で、巻尺は甲が持ってきたはずだ。いや乙だと探し回っているのに出会うが、これは他人をあてにするからであって、捜査官は平素から独力でもやれるように心がけておくことが必要であろう。もちろん携行品は必要最少限度にとどめるべきである。通常次のようなものが必要であろう。

①　用紙

　　白紙・雨天用・方眼紙（見取図作成に使用する）

②　筆記具

　　台紙（立ったまま字を書く台に使う。通常は方位付画板）・ボールペン・鉛筆（黒ＨＢあるいはそれより濃いもの数本、それに色鉛筆も赤と青くらいは揃えておくこと）、消ゴム・定規（目盛のあるもの）・コンパス・チョーク（白、赤、青）

③　封筒・ビニール袋

　　小さい証拠品等を入れて整理するのに便利である。

④　巻尺・メジャー

⑤　方位磁石

⑥　ルーペ

⑦　懐中電灯・充電式電灯

⑧　小刀・鋏等の破壊用具（現場に応じて臨機応変に持っていくものを変える。）

⑨　荷札（証拠品整理のため）

⑩　立入禁止のための専用テープ、現場保存用ロープ

⑪　手袋、ドクターハンド（薬物等を触る時の専用手袋）、ヘアーキャップ、靴カバーなど

⑫　綿糸・ろ過紙・ピンセット（血液等を吸収させて採取するため）

⑬　指紋採集用具

⑭　写真機・ビデオカメラ・録音機

⑮　地図（地図は平生から管内の全図と5万分の1の地図くらい用意しておくべきであるし、また、あらかじめ管内を4つくらいに分けて、その一々を略図式に印刷しておくと、検証の場合に限らず、何かにつけて便利であろう。）

　以上は常時用意しておくべき必需品であり、このほかに、火事の場合には炭化深度計、事故等の場合には傾斜を測る水平器、雨の場合や濡れた現場には長靴、安全靴、雨合羽なども必要となるであろう。

② 関係人への連絡

　公務所内で検証をするときは、その長またはこれに代わるべき者を立会わせねばならず（刑訴222条1項（☞8頁参照）、142条（☞次頁参照）、114条1項（☞次頁参照））、人の住居、人の看守する邸宅・建物・船舶内で検証をするときは、住居主、看守者またはこれに代わるべき者をこれに立会わせ、これらの者を立会わせることができないときには、隣人または地方公共団体の職員をこれに立会わせなけ

【刑事訴訟法】
第114条　公務所内で差押状、記録命令付差押状又は捜索状の執行をするときは、その長又はこれに代わるべき者に通知してその処分に立ち会わせなければならない。
②　前項の規定による場合を除いて、人の住居又は人の看守する邸宅、建造物若しくは船舶内で差押、記録命令付差押状又は捜索状の執行をするときは、住居主若しくは看守者又はこれらの者に代わるべき者をこれに立ち会わせなければならない。これらの者を立ち会わせることができないときは、隣人又は地方公共団体の職員を立ち会わせなければならない。
（令状請求書の返還）
第142条　第111条の2から第114条まで、第118条及び第125条の規定は、検証についてこれを準用する。
【犯罪捜査規範】
（第三者の立会）
第145条　捜索を行うに当つては、公務所内または人の居住し、もしくは人の看守する邸宅、建造物もしくは船舶内以外の場所でこれを行う場合にも、なるべく第三者の立会を得て行うようにしなければならない。
2　前項の場合において、第三者の立会が得られないときは、他の警察官の立会を得て捜索を行うものとする。
（検証）
第155条　犯罪の現場その他の場所、身体または物の検証については、事実発見のため身体の検査、死体の解剖、墳墓の発掘、物の破壊その他必要な処分をすることができる。
（死体の検証等の注意）
第156条　死体の検証、墳墓の発掘等を行うに当つては、礼を失わないように注意し、配偶者、直系の親族または兄弟姉妹があるときは、これらの者に、その旨を通知し、なるべくその立会を得るようにしなければならない。
2　前項の場合において、死体の被服、附着物、墳墓内の埋葬物等で捜査上必要があると認められるものについては、遺族から任意提出を受け、または差押許可状により差押を行わなければならない。
（捜索に関する規定の準用等）
第158条　第145条（第三者の立会）、第147条（執行中の退去および出入禁止）、第147条の2（協力要請）、第148条（捜索中止の場合の処置）及び第149条（捜索調書）第1項の規定は検証を行う場合について、第149条（捜索調書）第2項の規定は検証調書の作成について、それぞれ準用する。この場合において、第149条第1項の規定中「捜索調書」とあるのは、「検証調書又は身体検査調書」と読み替えるものとする。
2　身体検査に際し、やむを得ない理由により立会人を得ることができなかつたときは、その事情を身体検査調書に明らかにしておかなければならない。
【刑事訴訟規則】
（検証についての注意）
第101条　検証をするについて、死体を解剖し、又は墳墓を発掘する場合には、礼を失わないように注意し、配偶者、直系の親族又は兄弟姉妹があるときは、これに通知しなければならない。

ればならない（刑訴222条1項、142条、114条2項）。これらの場所以外の場合、たとえば、屋外で検証をする場合にもなるべく第三者の立会を求め、これが得られないときには、他の警察官を立会わせて行うべきである（捜査規範158条、145条）。これは、調書の信憑性を高めるための措置である。また、検証をするについて、死体を解剖し、墳墓を発掘する場合には、これに配偶者、直系親族または兄弟姉妹があるときには、これらの遺族にその旨を通知し、なるべくその立会を得るようにしなければならない（捜査規範156条、刑訴規則101条）。

　立会人を必要とする検証をする場合には、もし時間的に余裕があれば、あらかじめその立会う資格のある人々に事前に連絡をとっておいて、検証の場所に定刻に来ていてもらえば、検証はきわめてスムーズに行われるであろう。しかし、実際には、急遽犯行現場に出張するような例が多いであろうし、そのような場合には、こうした連絡はその場でつけるほかはない。

　検証に際して、後で述べるように現場で指示説明する立会人が必要な場合がある。ここにいう立会人は、先に述べた法律上必要とする立会人ではなく、参考人で現場と犯行のつながりを説明する人である。こういった立会人もできればあらかじめ予定しておいて、連絡しておくほうがよいであろう。

③ 検証事項の理解

　検証をする場合に最も重要なのは、その検証の目的、焦点を事前に定めておくことであり、行きあたりばったりに検証をすることは、絶対に禁物である。もちろんはじめから予断を抱いて検証をすることは避くべきであるが、殺人事件の検証と放火事件の検証では、最初から観点が違うはずである。最初の犯行現場に例をとれば、その現場からいったいどんな犯罪が推測できるか。その犯罪について、いったいどんな点に重点をおいてみたらよいか、といった事をよく理解しておいて検証に臨まなければならない。それには、その犯行についてそれまで判明していることを

十二分に耳に入れておく必要がある。

　例えば、現場の状況から一見して自過失による交通事故死とみえる場合でも、死者に他人受取の多額の生命保険がかけられているようなときは、殺人事件を疑ってみるべきであり、死者の周辺者からの聞き込みで保険金殺人の噂でもあればなおさらである。このような事案で、当初から殺人事件としての疑いを持ち詳細に車内を検証したり血痕、微物等の採取をしていれば有力な証拠となり得たのに、交通事故として処理したため、後に殺人事件として立件された際に、もはや有効な検証等ができなくなった事例もあるのである。

第5節　検証の実施

　検証にもその内容にいろいろあることは、前にも述べたとおりである。そのうちでも犯罪現場の検証は、その内容が複雑であるばかりでなく、その現場保存が難しく、後日裁判官にその当時の状況を実験認識してもらうことがきわめて困難である。したがって、捜査機関の作成した検証調書が、犯罪現場を証明する最も有力な証拠となるのである。昔から検証というと、犯罪現場の実地検証のごとく言われて来たのもこのゆえである。

　また、検証は、その内容によって、簡単なものもあれば、複雑なものもある。たとえば、犯人と目されている者の家から犯行現場まで何歩あるかなどといった検証は簡単であるが、犯人不明の強盗殺人事件の現場検証は、きわめて複雑なものであることが予想される。このように検証の内容に差があれば、それを実施するやり方にも違いがあるのは、けだし当然のことであるが、ここでは、典型的な犯罪現場の検証を例として、その実施方法を述べてみよう。

　検証にさいして、死体を解剖し、または墳墓を発掘することがあることは前にも述べたところであるが（刑訴222条1項（☞8頁参照）、129条（☞7頁参照）、犯罪

捜査規範155条（☞24頁参照））、その場合には、とくに死者に礼を失しないように注意しなければならない（刑訴規則101条（☞24頁参照）、捜査規範156条1項（☞24頁参照））。また、それだけでなく、検証の対象が、人の所有物であったり、人の住居・邸宅であるような場合には、その所有者・居住者・管理者あるいは看守者といったこれらの関係者に対しては、礼を失しないように注意して、丁重に行うべきである。

　もとより、検証は強制処分である。したがって関係者には受忍義務があり、拒むことは許されない。しかし、だからといっていたずらに強権を振り回す必要は少しもないはずである。実況見分と違って、関係人の承諾、同意を得ないでも実施できるけれど、同意を得てはいけないというのではない。私は、むしろ承諾、同意が得られる場合には、得ておくべきだと考える。もちろんこういったからといって、実況見分をした方がよいというのではない。承諾を得たからといっても、検証は検証である。例を人の住居の検証にとってみよう。人の住居の検証には立会人は必要であるが、住居権者の同意は必要でない。しかし、この場合でも一応住居権者には同意を求めておくべきである。同意が得られればよし、たとえ同意が得られないでも検証を強行できるのである。この場合、同意を得ておけば、住居権者の積極的な協力が期待できるであろう。おうおう検証は強制処分であるから、承諾同意の必要はないものとして、いちずにこれを強行しようとする者もあるようであるが、このような考え方や態度は、厳に戒むべきである。要するに、常に親切丁寧に、必要以上に関係者に迷惑になることのないように注意し（捜査規範140条1項、2項（☞次頁参照））、しかも、妨害があれば断乎これを排除するといった毅然たる態度で臨むことが肝要である。

　また、検証にあたって物を破壊することもあるし（刑訴129条☞7頁参照）、規範155条（☞24頁参照））、田畑・花檀等を踏み荒すなど現状を変更、汚染することもあるであろう。このように他人に損害を被らせるような場合には、これを必要最小限度

にとどめ、損害の拡大を防止すべきである。そして、検証が終了した際には、このように検証のために現状を変更・汚染・破壊したようなところは、できる限りこれを原状に復してやり（前記規範140条2項）、要求があれば証明書を交付してやることも必要であろう。このようにして国民の捜査に対する協力と信頼の念を喪失することのないように配慮することが大切である。

1 検証の時間と天候

　検証を実施する場合には、必ずあらかじめ時間を見ておかなければならない。夜間住居等に立ち入る場合には、令状にその旨の記載がなくてはならないが、その関係においても、必要である。また、観察の結果は時間によって差違があるわけであるから、それを明らかにする意味においても、検証開始の時間と検証終了の時間を明確にしておく必要がある。しかも、検証の内容とこれを実施した時間とは、必然的に関連があるのであるから、検証の公正を証明することにもなるであろう。検証時における天候もよくみておく必要がある。特に場所の検証の場合は、屋内、屋外を問わず、天候によって観察の結果が違うであろう。たとえば、見とおしができるできないで、明かるさが問題となった場合には、前述の時間と、この天候がそれに大きな影響を与えるものである。場合によっては、検証時の風位・温度・湿度も明らかにしておく必要がある。

2 実施計画

　複雑な検証の場合には、必ずその事件の規模に応じて一定の計画を樹立し、そ

【犯罪捜査規範】
（実施上の一般的注意）
第140条　捜索、差押え、記録命令付差押え又は検証を行うに当たつては、必要以上に関係者の迷惑になることのないように特に注意しなければならない。
2　捜索、差押え、記録命令付差押え又は検証を行うに当たつては、やむを得ない理由がある場合を除くほか、建造物、器具等を損壊し、又は書類その他の物を乱すことがないように注意するとともに、これを終えたときは、できる限り原状に復しておくようにしなければならない。

の計画に則って、検証を実施していくべきである。これは前述第4節の3の「検証事項の理解」（☞25頁参照）の問題とも関連するものであるが、要するに、無計画な、行きあたりばったりの検証では、後でいろいろな手抜かり、見落としがでて、重大な失敗を招き、さらには再検証さえ必要となってくる。

　また、事案によっては、数人または数十人を検証に従事させることもある。この場合にはまず、検証の中心となって統括指揮をとる者を定めておかねばならない。この指揮者が、検証調書の作成者ともなるべきであり、そのほかの者は、この指揮者の補助者である。大がかりの検証では、この指揮者の下に、検証補助者を

　①現場保存のための看守班

　②鑑識班

　③観察班

の3班に区分し、さらに観察班のうちでも、各能力に応じ

　・見取図を作成する者

　・写真を撮る者

　・諸種の測定に従事する者

　・証拠の収集にあたる者

等を区分し、指揮者はこれらの者を有機的に総合し、互いに協力させて、全般の観察に当たらなければならない。このようにして、各補助者にそれぞれ分担任務を与え、補助者は与えられた任務に従って責任者を援助し、こうして完全な検証を実施すべきであって、各人が自分勝手な行動をしたり、抜け駆けの功名にあせるようなことは、絶対にさけるべきである。たとえば、何らかの犯罪の痕跡を発見した補助者は、必ずその原状において指揮者に報告して、その指示を待つべきであって、勝手に原状を移動改変することは許されない。

　このように多数の者が検証に当たる場合に、調書作成に必要な部分は、必ず指揮

者自ら見分しておく必要がある。補助者の報告だけを鵜飲みにして調書を作ると、後日公判で争いとなった場合、調書全体の信憑性を失うこととなる。

　検証現場に赴いた際、死体と思った被害者が実は生命はとりとめそうだとわかった時とか、あるいは検証中に犯人の氏名が判明した時などに、事に当たってどう処置するかは、平素からよく考えておかないと、事態が発生してからあわてることになる。たとえば、被害者が重態である場合には、その手当を第一にすべきで、これは人命尊重の立場からみて当然であろう。しかし、この場合でもでき得れば、犯人の心当りについて「誰にやられた」といったような簡単な質問をしておいたほうがよい。被害者の治療のために多少現場が乱れることがあっても、やむを得ないが、それは最少限度の範囲にとどめるべきである。瀕死の人の供述をとるときには、録音の方法を構ずる必要もある。犯人の氏名が判明したら、ただちに逮捕の手配をすべきである。このため検証が多少遅延しても、これまたやむを得ないであろう。こういったことは、事にあたって冷静に判断し、後日に悔を残さぬよう留意しなければならない。

③　見取図の作成

　検証を実施するにあたっては、現場の「見取図」を作らなければならない。そのためには、まず検証箇所およびその付近の地図・図面・青写真等を入手するよう努めねばならない。このために、管内の全図とか、その一部の略図をあらかじめ用意しておくべきであることは、前記第4節の「①携行品」（☞22頁参照）の項で述べたとおりである。これによって検証時間を節約できた例が少なくないし、見取図を作成するのにも便利である。

　「見取図」を作る場合には、あらかじめ見取図の元図を作ったほうがよい。元図は多少大きめに作り、一応縮尺に従って正確に記載する。方眼紙を使用するときは、その太罫の区切りを基準にして、家屋等では、一区切りを90センチメートル

とか1.8メートルに合わせ、屋外なら一区切りを1メートル、10メートルあるいは100メートルに合わせて作っていくと便利である。用紙が狭くなったら別紙を継ぎ足して書くべきである。無理に1枚に書き収めようとすると、かえって不正確なものになってしまう。こうしてこの元図に、検証が進むにしたがって順次記入をしていく。つぎに述べる立会人の指示説明も記号、符号を使って書き入れていく。現場の位置を明確にするために、付近の目印、それからの距離、位置、所要時間等も記入しておくとよい。これができ上れば、これによって見取図も簡単に作成できるし、調書作成の基本ともなる。なお、見取図の作成方法については、第2章で詳述しよう（第6節☞92頁参照）。

4 立会人の指示説明

　検証をするにあたって、立会人を必要とする場合と必要としない場合とがある。ここで「立会人」というのは、前に述べた人の住居等の検証の際や、解剖や墓を掘る際の立会人（第4節「2 関係人への連絡」(☞23頁参照)）ではなく、検証を実施する人に現場で指示説明する人のことである。検証をする本人は、多くの場合、犯行とその現場との関連を知らない。したがってどこに重点を置くかは、その犯行当時あるいは犯行直後に現場に居合わせた人に、当時の状況を説明させて、焦点を決める必要がある。その場合には、よく当時の事情を知っている人を立会人に選ぶ必要がある。

　しかし、立会人のうちでも、犯行を終始見ていたという人は少ない。多くの立会人はその一部一部を見ていて、これを説明できるだけである。こうして立会人の指示説明により検証の主体が知覚、認識したものと、検証をする本人が自ら知覚、認識したものとを総合して認められるものが、すなわち検証の結果である。

　この場合、犯行当時の立会人の位置を明確にしておく必要がある。すなわち、物を観察するにあたって、その見る場所が違えば、これを受け入れる感じも違ってく

るのが当然である。だから、立会人の指示説明も、その観察した場所によって違ってくるであろう。

　立会人の指示、説明は、検証調書に記載すべきである。その記載方法、証拠能力等については、第2章において述べたい。

5　観察の順序と方法

　検証は大局から始めて、しだいに細部に及んで行くべきである。すなわち、まず現場の地形・環境・関係位置等を明らかにしておき、ついで、順次現場の細部の検証をしていくのである。このためには、後述7（☞34頁参照）の「現場写真」を利用するのがよい。

　細部の検証を行うには、慎重に見落としのないように完全に観察することを要する。その目的のためには、一定の順序を決めて検証を行い、見落としや二重観察を避け、しかも、反覆して観察するのがよい。順序といっても別に一定の法則があるわけではない。たとえば、一つの部屋を観察する場合には、まず右からでも左からでもよいから、部屋の周囲を見て、ついで部屋の上部、天井等を見る、次に床または畳の状態を見る。異常のないところを見送って、異常のあるところは、全知覚を働かせて、十分に観察しておく、そうして要所要所の写真を撮るといったやり方が考えられるであろう。

　検証する者は、現場を客観的に観察しなければならない。それにはまず事前の申告や報告にとらわれず、自己の先入観や過去の経験に執着しないで、直接自己の知覚によって観察する必要がある。このことは、前述第4節の「3検証事項の理解」（☞25頁参照）の項で述べたところと、一見矛盾するようであるが、決してそうではない。すなわち、他の申告や報告をよく耳に入れ、しかも、それらにとらわれないで、一定の方針の下に検証を進めるのである。また自己の過去の経験によって知り得たものは、これにとらわれると、物事の判断がつかなくなって、あたかも検

証によって知り得たことのようになってしまうことがある。それではこの検証によって作成した調書の信憑力にも影響してくるであろう。

6 位置の確定

　場所の検証に当っては、その位置を確定しなければならない。検証物の位置を確定し、あるいは、その高さ・深さ・距離その他を測定するには、「**基点**」を選定すべきである。「**基点**」は、1または2以上選定するのがよい。「**基点**」の位置は固定して不動なものでなくてはならないが、永久不動の必要はない。通常基点として用いられるものは、次のようなものである。

(1) 屋敷内

　　門（門柱、礎石等）、塀・建物（建物の角、柱、壁面、軒先、礎石、基礎線等）、井戸・構築物・電柱・大樹等

(2) 屋　内

　　柱・出入口・壁面・窓・床・かまち・縁端・敷居・天井・階段・室の隅等

(3) 道　路

　　両側の建造物・溝・電柱・樹木・ポスト・マンホール・消火線・道標・界標・碑・分岐点・橋（親柱、橋梁等）、えん堤・桶門・道路標識

(4) 軌　道

　　レール・枕木・側溝・排水溝・信号機その他各種標識・踏切・踏切遮断機・構内外建造物・トンネル・鉄橋等

(5) 耕　地

　　建築物・道路・小路・電柱・垣根・樹木・碑・田の畦畔・畑の区切線・地目の境界等

(6) 山林、原野

　　尾根・山・谷・川・三角点・特異の樹木・林・道路・橋・電柱・界標・家

屋等

「**長さの測定**」は、通常は巻尺を用い、遠距離は目測または歩測をする。距離計を用いてもよい。深さ、高さなども鋼製巻尺でうまく測定できる。

「**方位**」は、磁石による。磁石の北と時計の12時を合わせて用いると、各種の方位を決めるのに簡便である。

放火、失火事件で、焦焼炭化の深度を測定する必要がある場合も多いが、木綿針を突き刺して測定する方法が簡単である。

7 写 真

検証には「**写真**」を十分に利用すべきである（第2章「第7節 写真」☞99頁参照）。検証は五官、特に視覚の作用で場所、物の状況を実験認識することである。しかも、その認識した結果を公判廷で裁判官にあたかもそれを眼前にしたかのように、生き生きと再現させて、認識してもらうために調書が作られるのである。写真はこの視覚によって認識した結果をそのまま後日公判廷で再現できる唯一の方法である。したがって検証には写真をできるだけ利用することが、検証の結果をそれだけよく保存することになる。多くの人は検証調書を読むときは、まず現場写真から見ていくのが順序で、それ程写真の影響力は大きいし、事実をそのまま写し撮っている点で信憑力も強い。物の散乱状況等、筆では調書に表現できないような微妙な点も、写真ならばよく表現できるのである。今日ではカラー写真が一般化しているので、殺人現場の血の散っている状況などは写真を見れば一目瞭然であり、後日公判廷で裁判官の心証を得るのに、有効な方法である。なお、最近は、デジタルカメラによる印画が実況見分調書等に用いられることが多くなってきているようであるが、場合によっては通常方式の写真を用いあるいはデジタルカメラと併用することも有用であろう（注：デジタルカメラについては、大量の画像データを劣化させることなく保存できる上、複製も容易であるなど利便性が高く、今後もその使用頻度

は高くなっていくものと思われる。その一方で、デジタルカメラについては、取扱い方法により画像データが消失してしまったり、改ざんを指摘されるおそれが否定できない。そこで、複数の事件データをメモリ媒体に保存するようなことは厳に慎むとともに、書き込み防止機能を活用するなどして、適正なデータ保存に努めなければならない）。

　写真では、どこから何を写したかが極めて問題である。したがって現場写真等を撮る場合には、撮った場所と方向を見取図の上に記載すると、見る側では非常に便利である。見取図の上に、例えば、↑①、↑②といったように調書添付の写真番号を円内の数字に一致させ、矢印で撮った方向を示して、どの写真はどの方向から何を撮ったかがわかるようにするとよい。また、写真は、それだけでは写した対象の大小、高低、遠近あるいは傾斜の程度を示すのに不十分である場合が多いが、その時は適当な対比物を入れて写す等、これを補う方法を構ずべきである。ナイフといったような物の写真で、横に巻尺を並べて写すのも一方法である。

　写真は、検証をする人が自ら写すこともあるであろうが、多くの場合鑑識の写真班等が同行するであろう。検証補助者が写真を撮るときは、必ず指揮者の指示によ

【犯罪捜査規範】
（実況見分）
第104条　犯罪の現場その他の場所、身体又は物について事実発見のため必要があるときは、実況見分を行わなければならない。
2　実況見分は、居住者、管理者その他関係者の立会を得て行い、その結果を実況見分調書に正確に記載しておかなければならない。
3　実況見分調書には、できる限り、図面及び写真を添付しなければならない。
4　前3項の規定により、実況見分調書を作成するに当たつては、写真をはり付けた部分にその説明を付記するなど、分かりやすい実況見分調書となるよう工夫しなければならない。
（実況見分に関する規定の準用）
第157条　第104条第3項から第106条まで（実況見分、実況見分調書記載上の注意、被疑者の供述に基づく実況見分）の規定は、検証を行う場合について準用する。この場合において、これらの規定中「実況見分調書」とあるのは「検証調書又は身体検査調書」と読み替えるものとする。
2　検証を行う場合において他の処分と同時に身体の検査をするときは、別に身体検査調書を作成することなく、検証調書に身体の検査に関する事項をもあわせて記載することができる。

って撮るべきで、やたらに自分勝手に写すことは、戒めなければならない。

犯罪捜査規範においても検証調書、実況見分調書には、できる限り写真を添付すべきことを命じている（規範104条、157条1項（☞前頁参照））。

8 夜間検証の場合の注意

現場検証は、その性質上夜間行うことも少なくない。この場合には、よく明暗、あるいは物の識別の状況が問題となるから、検証にあたって、特に次に掲げることに注意せねばならない。

> 天候・明暗・月明（月令）・雲・雨・雪・霧・霞の状況
> 明暗に影響のある積雪、雨水等およびその状況
> 照明設備の有無。あるとすれば、その位置・高低・燭光・門扉雨戸等の開閉による影響
> 目的物の遠近・大小・遠度・色彩等の状況

9 令状の呈示

令状を得て検証をする場合（刑訴218条1項（☞5頁参照））においては、必ず事前に処分を受ける者にその検証令状を呈示しなければならない（刑訴222条1項（☞8頁参照）、110条、捜査規範141条）。刑訴220条（☞5頁参照）に規定する

【犯罪捜査規範】
（令状の提示）
第141条　令状により捜索、差押え、記録命令付差押え、検証又は身体検査を行うに当つては、当該処分を受ける者に対して、令状を示さなければならない。
2　やむを得ない理由によつて、当該処分を受ける者に令状を示すことができないときは、立会人に対してこれを示すようにしなければならない。
（執行中の退去および出入禁止）
第147条　捜索を行うに当つては、立会人または特に許可を受けた者以外の者は、その場所から退去させ、およびその場所に出入させないようにしなければならない。
2　前項の許可を受けないでその場所にある者に対しては、退去を強制しまたは看守者を附して、捜索の実施を妨げさせないようにしなければならない。ただし、必要な限度をこえて実力を行使することのないようにしなければならない。
【刑事訴訟法】
第110条　差押状、記録命令付差押状又は捜索状は、処分を受ける者にこれを示さなければならない。

検証には、むろんこの必要はない。令状の呈示は検証が強制処分である以上、当然のことである。ただ、差押や捜索の場合は、必ず相手方、すなわち、処分を受ける者があることが予想されるが、検証はこれと異なり、処分を受ける者がある場合と無い場合がある。無い場合には呈示のしようがないのは当然であるが、場所の立入とか、物を検証するといった時には、所有者、管理者等に検証令状を示さねばならない。もし、その処分を受ける者に対し、不在その他の理由で令状を示すことができないときには、立会人に対してこれを示すようにしなければならない。また、相手が年少者、精神障害者等その令状を理解し難い者であるときは、その親権者、法定代理人等に対して呈示し、後日、争いを残さぬよう注意すべきである。

10 妨害の排除

現場検証をする場合には、現場に無用な人を入れては、検証に支障をきたすのであるが、現実には弥次馬が集まる事例が多い。これでは充分な検証を行えない場合も予想される。そのため検証を行うにあたっては、その間何人に対しても、その場所に出入することを禁止することができるし、その禁止に従わない者は、これを退去させ、検証が終るまでこの者に看守者をつけておくことができる（刑訴222条1項（☞8頁参照）、112条（☞12頁参照）、捜査規範158条（☞24頁参照）、147条）。この処分ができるのは、検証を開始してから終了するまでの間であるが、後述Aの執行を中止している間もこれに含まれる。刑訴112条は「何人に対しても」と規定しているが、もちろんこれによって、法定の立会権者の立会を制限することは許されない。立入禁止は、通常綱を引き、これに巡査を看守させ、あるいは立入禁止の立札、張紙をして行っている。また、この禁止をするのは、検証を行う者であるが、禁止権者は立入の許可ができるのは当然であろう。こういった処分を行った時は、検証調書にその旨を記載して、後日の証明にする必要がある。上記の禁止または退去命令に違反して検証の実施を妨げる者は、実力で排除できるが、この場

合の実力行使は、必要最小限度に行うべきである（捜査規範147条2項）。退去させた者につける看守者は、私人でもいいが、通常は巡査に看守させている。暴行または脅迫によって検証を妨害する者があれば、公務執行妨害として逮捕することも可能である。

なお、犯罪者の心理として、被疑者が第三者に偽装して犯罪現場にあらわれることも多い。警察職員としては、こんな場合も予想して、弥次馬の一人一人にも注意しておくべきであろう。

11 検証の中止

検証に着手してから後、それが長時間を要するとき、その他何らかの必要があるときは、検証を一時中止し、さらにまたこれを継続することができる。急に大雨が降り出したとか、夜間で見とおしがきかなくなったなど、いろいろの場合があるであろう。時には妨害のために検証の続行が不可能になることも考えられる。検証の中止については、法律に直接の明文はないが、理論上当然に認められることである。検証を中止しても、前後を通じて一個の処分であるから、同一の令状で足りる。これに反して、不十分ではあっても、検証を一旦終了したときには、同一目的物、場所に関する場合であっても、さらに別の令状を得なければ、検証をすることはできない。

検証を中止するときには、必要があれば執行が終るまでその場所を閉鎖し、または看守者を置くことができる（刑訴222条1項（☞8頁参照）、118条（☞12頁参照）、捜査規範158条（☞24頁参照）、148条）。これは中止している間にその場所の状況が変更されることがあっては、検証に支障をきたすので、その防止のために

【犯罪捜査規範】
（捜索中止の場合の処置）
第148条　捜索に着手した後、一時これを中止する場合においては、その場所を閉鎖し、または看守者を附して事後の捜索の続行に支障がないようにしておかなければならない。

このような措置が認められるのである。しかし、住居の閉鎖は、著しく住居権者の利益を害するものであるから、真にやむを得ない場合に限って認められるものと考える。この場合の看守者も資格に制限はないが、通常は巡査に看守を命ずべきである。また、閉鎖中も理論上はやはり検証中であるから、前述の「10妨害排除」（☞37頁参照）も可能で、立入禁止をすることもできる。

中止されたときは、検証調書にその旨および中止時の状況を記録しておく必要がある。

12 現場における押収

検証の際には、その場所に多くの犯罪の資料がある場合が多く、そのようなときには、あわせて証拠品の押収が行われる。裁判所が検証をするときには、当然にその場で押収できるのであるが（刑訴99条、101条）、捜査機関の行う検証では、被疑者その他の者の遺留品・所有者・所持者または保管者の任意提出の物の領置はできるけれども、差押を行うには、別に差押令状（刑訴218条1項（☞5頁参照））が必要である。したがって、犯罪現場の検証をする場合には、検証令状のほかに、捜索、差押の令状を請求して、その発付を受けておくのが通例である。もっとも、刑訴220条1項2号および同条4項（☞5頁参照）による検証（逮捕または勾引状、勾留状執行のさいの検証）の場合には、差押についても令状は必要でない。

【刑事訴訟法】
第99条　裁判所は、必要があるときは、証拠物又は没収すべき物と思料するものを差し押えることができる。但し、特別の定のある場合は、この限りでない。
②　差し押さえるべき物が電子計算機であるときは、当該電子計算機に電気通信回線で接続している記録媒体であって、当該電子計算機で作成若しくは変更をした電磁的記録又は当該電子計算機で変更若しくは消去をすることができることとされている電磁的記録を保管するために使用されていると認めるに足りる状況にあるものから、その電磁的記録を当該電子計算機又は他の記録媒体に複写した上、当該電子計算機又は当該他の記録媒体を差し押さえることができる。
③　裁判所は、差し押えるべき物を指定し、所有者、所持者又は保管者にその物の提出を命ずることができる。
第101条　被告人その他の者が遺留した物又は所有者、所持者若しくは保管者が任意に提出した物は、これを領置することができる。

検証現場で押収するには、指揮者の指示に従って順次押収して行くべきである。押収物件のあった場所、その物件のあった状況は、有力な証拠となる場合が多いから、これを正確にメモしておき、調書の上で明確にしておく必要がある。事案によっては、押収する前に写真を撮っておくことも必要であろう。検証に際して、従事者が勝手に物証を探し回ることは、厳重に戒めなければならない。

押収物件を発見した場合、でき得ればその状態を立会人等の第三者に示しておくことも、後日の証拠保全の意味から賢明なやり方である。第三者の立会が得られないようなときには、同僚に見てもらうことも一つの方法である。

第6節　身　体　検　査

1　総　説

「**身体の検査**」は、検証の一方法である。しかし、身体の検証は、これを受ける者に重大な精神的苦痛や損害を与えるおそれが多いので、法は人権保障の趣旨から、**捜査機関の行う身体検査については、一般の検証と区別して、特に身体検査令状によらなければできないものとしている**（刑訴218条1項後段（☞42頁参照））。しかし、身体検査も検証であるから、検証について述べた事項は、そのまま適用されるわけである。

身体検査は、「**鑑定**」の場合にもある（刑訴168条1項（☞7頁**参照**））。鑑定の身体検査は、検証の場合とは目的を異にし、したがってその検査の方法内容も多少異なってくるであろう。検証の場合は、多く外面から見たり、触れたりする程度であろうが、鑑定の場合はそのほとんどが医学的な検査であって、それに必要な限度で、あるいは、薬品を使用して、身体に多少の障害を加えることも許されると考える。

身体検査は、「身体について行う捜索」に似ているが、前者は身体の・形・状・を・検・証・するものであり、後者は・物・件・の・発・見・を目的とするものであって、その目的において

様式第42号（刑訴第218条, 第222条, 規則第139条, 第155条, 第156条）

身体検査令状請求書

　　　　　　　　　　　　　　　　　　　　　　年　　月　　日

　　裁　判　所
　　　　裁　判　官　殿

　　　　　　　　　　　警　察　署
　　　　　　　　　　　司法警察員　　　　　　　　　㊞

　下記被疑者に対する　　　　　　　　　被疑事件につき，下記の者に対する身体検査令状の発付を請求する。

記

1　被疑者の氏名

　　　　　　　　　　　　　　　　　年　　月　　日生（　　歳）

2　身体検査を受ける者

　　　氏　　名
　　　年　　齢　　　　　年　　月　　日生（　　歳）性別
　　　職　　業
　　　住　　居
　　　健康状態

3　身体検査を必要とする理由

4　検査すべき身体の部位

5　7日を超える有効期間を必要とするときは，その期間及び事由

6　日出前又は日没後に行う必要があるときは，その旨及び事由

7　犯罪事実の要旨

（注意）　被疑者の氏名又は名称が明らかでないときは，不詳と記載すること。

（用紙　日本工業規格Ａ４）

異なる。「身体に対する捜索」は、一般の捜索となんら異なるところはないから、捜索令状の外に別に身体検査令状を必要としない。ただし、被告人または被疑者以外の者の身体の捜索は、その身体に押収すべき物の存在を認めるに足りる状況のある場合に限り許され、令状の請求には、この状況のあることを裁判官に納得させる資料の提出を要求されている（刑訴102条2項、刑訴規則156条3項（☞14頁参照））。なお、警察官職務執行法2条4項は、刑訴法により逮捕された者については、身体に凶器を所持しているかどうかを調べることができるとしている。これを

【警察官職務執行法】
（質問）
第2条　警察官は、異常な挙動その他周囲の事情から合理的に判断して何らかの犯罪を犯し、若しくは犯そうとしていると疑うに足りる相当な理由のある者又は既に行われた犯罪について、若しくは犯罪が行われようとしていることについて知っていると認められる者を停止させて質問することができる。
2　その場で前項の質問をすることが本人に対して不利であり、又は交通の妨害になると認められる場合においては、質問するため、その者に附近の警察署、派出所又は駐在所に同行することを求めることができる。
3　前2項に規定する者は、刑事訴訟に関する法律の規定によらない限り、身柄を拘束され、又はその意に反して警察署、派出所若しくは駐在所に連行され、若しくは答弁を強要されることはない。
4　警察官は、刑事訴訟に関する法律により逮捕されている者については、その身体について凶器を所持しているかどうかを調べることができる。

【刑事訴訟法】
第102条　裁判所は、必要があるときは、被告人の身体、物又は住居その他の場所に就き、捜索をすることができる。
②　被告人以外の者の身体、物又は住居その他の場所については、押収すべき物の存在を認めるに足りる状況のある場合に限り、捜索をすることができる。
第218条　検察官、検察事務官又は司法警察職員は、犯罪の捜査をするについて必要があるときは、裁判官の発する令状により、差押え、記録命令付差押え、捜索又は検証をすることができる。この場合において、身体の検査は、身体検査令状によらなければならない。
②　差し押さえるべき物が電子計算機であるときは、当該電子計算機に電気通信回線で接続している記録媒体であつて、当該電子計算機で作成若しくは変更をした電磁的記録又は当該電子計算機で変更若しくは消去をすることができることとされている電磁的記録を保管するために使用されていると認めるに足りる状況にあるものから、その電磁的記録を当該電子計算機又は他の記録媒体に複写した上、当該電子計算機又は当該他の記録媒体を差し押さえることができる。
③　身体の拘束を受けている被疑者の指紋若しくは足型を採取し、身長若しくは体重を測定し、又は写真を撮影するには、被疑者を裸にしない限り、第1項の令状によることを要しない。
④　第1項の令状は、検察官、検察事務官又は司法警察員の請求により、これを発する。
⑤　検察官、検察事務官又は司法警察員は、身体検査令状の請求をするには、身体の検査を必要とする理由及び身体の検査を受ける者の性別、健康状態その他裁判所の規則で定める事項を示さなければならない。
⑥　裁判官は、身体の検査に関し、適当と認める条件を附することができる。

「身体捜検」といっているが、身体捜検は、衣類の外部から凶器の有無を調べるのが許されるのであって、衣類を脱がせて調べるような場合は、捜索の令状が必要であろう。もっとも、留置場内で行われる身体検査は、自殺防止などの見地から行われるもので、犯罪捜査のための検証ではないから、自殺防止、場内規律保持等の必要の範囲内では、令状なくして行い得ると考える。

　指紋または足型の採取、身長・体重の測定、写真の撮影も身体に対する検証であるが、身体を拘束されている被疑者については、これを裸にしない限り、令状がなくても行い得る（刑訴218条3項）。身体の拘束を受けているというのは、逮捕・勾留・鑑定留置を含むが、それは「当該被疑事件」について身体の拘束を受けている場合に限るべきであろう。けだし、これらの処分について、令状を必要としないとしているのは、これが身体の拘束をする処分のうちに当然含まれていると解されるからである。したがって、別件について身体の拘束を受けていても、刑訴218条3項の適用はない。また、この処分は被疑者に限り認められるもので、被告人には適用されない。また、被疑者を裸にしてこれらの処分を行う場合、あるいは身体の拘束を受けていない被疑者について、これらの処分を行う場合には、相手方の承諾がないかぎり身体検査令状が必要である。

　逮捕時における身体検査、勾引状・勾留状の執行時における身体検査には、令状が必要でない（刑訴220条（☞5頁参照））。しかし、この場合も人権尊重の見地から、慎重に、相手方の名誉の保持に気をつけて行うべきは、けだし、当然であろう。

　身体検査は、相手方が自発的に承諾した場合には、令状がなくても行うことができる。この場合には、相手方から承諾書を徴して、その承諾が自発的になされたことを確認しておかないと、後日問題になる場合が多い。また、身体検査を受ける相

【犯罪捜査規範】
（女子の任意の身体検査の禁止）
第107条　女子の任意の身体検査は、行つてはならない。ただし、裸にしないときはこの限りでない。

手が女子である場合には、たとえ本人が同意をしても、これを裸にして検することは許されない（捜査規範107条（☞前頁参照））。これは女子については特に慎重な取扱いが必要であるからである。

2 令状とその請求

身体検査令状の「請求」については、検証令状の請求（第3節☞12頁参照）について述べたことがすべて適用されるが、そのほかに請求者は、

- 身体の検査を必要とする理由
- 身体の検査を受ける者の性別、健康状態

を示さなければならない（刑訴218条5項（☞42頁参照））。また、検査すべき身体の部位も明確にしておく必要がある（規範138条）。

身体検査令状の「様式」は41頁のとおりである。これも、司法警察職員捜査書類基本書式例の様式第42号によっている。次に、身体検査令状には、検証令状の記載要件のほかに

- 裁判官が適当と認めて付けた条件（刑訴218条6項）
- 正当な理由がなくて身体の検査を拒んだときには、過料または刑罰に処せられることがある旨（刑訴規則157条）

【犯罪捜査規範】
（令状請求の際の注意）
第138条　捜索、差押え、記録命令付差押え、検証又は身体検査の令状を請求するに当たつては、捜査に必要かつ十分な範囲を定め、捜索すべき場所、身体若しくは物、差し押さえるべき物、記録させ若しくは印刷させるべき電磁的記録及びこれを記録させ若しくは印刷させるべき者、検証すべき場所、身体若しくは物又は検査すべき身体の部位等を明確にして行わなければならない。
2　刑訴法第218条第2項の規定による差押えの令状を請求するに当たつては、前項に規定する事項のほか、差し押さえるべき電子計算機に電気通信回線で接続している記録媒体であつて、その電磁的記録を複写すべきものの範囲を明確にして行わなければならない。
【刑事訴訟規則】
（身体の検査令状の記載要件）
第157条　身体検査令状には、正当な理由がなく身体の検査を拒んだときは過料又は刑罰に処せられることがある旨をも記載しなければならない。

を記載しなければならない。

3 **身体検査の手続とそれに関する注意**

　身体検査を行う場合には、一般の検証の手続によるほか、次の諸点に注意しなければならない。

(1)　裁判官が条件を付した場合には、この条件を厳格に遵守するとともに、身体検査を受ける者の年令・性別・健康状態・場所的関係その他諸般の事情を考慮して、特にその方法に注意し、できるだけ穏当な方法で行い、かつ、これを受ける者の名誉を害しないように注意すること（刑訴222条1項（☞8頁参照）、131条1項、捜査規範159条）。

　　身体検査は、極めて慎重に行わないと、とかく、人権侵害の非難を被るものである。身体検査の許可状に条件が付けられているときには、この条件は厳格に解し、その範囲を逸脱しないように、むしろ、裁判官の条件よりも狭い範囲内で行うことが望ましい。しかも、相手の年令・性別・健康状態等を

【刑事訴訟法】
第131条　身体の検査については、これを受ける者の性別、健康状態その他の事情を考慮した上、特にその方法に注意し、その者の名誉を害しないように注意しなければならない。
②　女子の身体を検査する場合には、医師又は成年の女子をこれに立ち会わせなければならない。
【犯罪捜査規範】
（立会い）
第143条　公務所内で捜索、差押え、記録命令付差押え又は検証を行うに当たつては、その長又はこれに代わるべき者に通知してこれに立ち会わせなければならない。
2　前項の規定による場合を除いて、人の住居又は人の看守する邸宅、建造物若しくは船舶内で捜索、差押え、記録命令付差押え又は検証を行うに当たつては、住居主若しくは看守者又はこれらの者に代わるべき者を立ち会わせなければならない。これらの者を立ち会わせることができないときは、隣人又は地方公共団体の職員を立ち会わせなければならない。ただし、刑訴法第220条の規定により被疑者を捜索する場合において急速を要するときは、この限りでない。
3　女子の身体について捜索を行う場合には、成年の女子を立ち会わせなければならない。ただし、急速を要する場合は、この限りでない。
4　女子の身体を検査する場合には、医師または成年の女子を立ち会わせなければならない。
（身体検査についての注意）
第159条　身体検査を行うに当たつては、刑訴法第218条第6項の規定により裁判官の付した条件を厳格に遵守するほか、性別、年齢、健康状態、場所的関係その他諸般の状況を考慮してこれを受ける者の名誉を害しないように注意し、かつ、穏当な方法で行わなければならない。

考えて、本人が必要以上の不利益を被らないよう、誰が考えても妥当な範囲で行うべきである。相手方の名誉を害しないようにするのはもちろん、女性の場合にはその差恥心を傷つけないような方法をとるべきである。

(2) **女子の身体検査には、医師または成年の女子を立ち会わさねばならない**（刑訴222条1項（☞8頁参照）、131条2項（☞前頁参照）、捜査規範143条4項）。

急速を要する場合でも、女子の身体検査には法定の立会人が必要で、これに立ち会わせないで検査をすることは許されない。立ち会わすべき医師または成年の女子については、格別の制限はないが、女子は相手方の親族等が適当であろう。立会人を指定する方法については、別に規定がないが、適当な方法で日時場所を通知すればよいであろう。

身体検査には単なる外部的所見による検査もあれば（入墨　傷痕等）、専門的知識をもつ者でなければできない検査（傷害の程度等）もあるわけであるから、後者のような場合には、医師その他専門的知識を有する者の助力を得て行うべきで、素人が推測で行うことは許されない（規範160条）。また、病人や負傷者などの身体検査については、できるだけ短時間のうちに終了するようにし、その治療に妨げとならないようにすべきである。負傷の部位などは、写真に撮っておくと、その状況が明確に残るであろう（規範161条）。この場合は、相手の名誉をそこなわないよう注意しなければならない。

身体検査を行った場合は、「**身体検査調書**」を作成することになる。次頁に、そ

【犯罪捜査規範】
（医師等の助力）
第160条　身体検査を行うに当つては、必要があると認められるときは、医師その他専門的知識を有する者の助力を得て行わなければならない。
（負傷者の身体検査）
第161条　負傷者の負傷部位について身体検査を行うときは、その状況を撮影等により明確に記録する等の方法をとり、できる限り短時間のうちに終了するように努めなければならない。

様式第４４号（刑訴第218条,第222条）

身　体　検　査　調　書　（甲）

　　　　　　　　　　　　　　　　　　　　　　　　　　年　　月　　日

　　　　　　　　　　　　警　察　署

　　　　　　　　　　司法　　　　　　　　　　　　　　　　㊞

被疑者　　　　　　　　に対する　　　　　　　被疑事件につき，本職は，　　年　月　日付け　　　　　裁判所　　　　裁判官　　　　の発した身体検査令状を下記被検査者に示して，下記のとおり身体検査をした。

　　　　　　　　　　　　　記

1　身体検査の日時
　　　　　年　　月　　日午　　時　　分から午　　時　　分まで

2　身体検査の場所

3　身体検査を受けた者（住居，職業，氏名，年齢，性別）

4　身体検査の立会人（住居，職業，氏名，年齢）

5　身体検査を必要とした理由

6　検査した身体の部位

7　身体検査の経過

（用紙　日本工業規格Ａ４）

様式第45号（刑訴第220条,第222条）

身　体　検　査　調　書　（乙）

　　　　　　　　　　　　　　　　　　　　　　　年　　月　　日
　　　　　　　　警　察　署
　　　　　　　　司法　　　　　　　　　　　　　　　　　㊞

被疑者　　　　　　　　に対する　　　　　　　　被疑事件につき，本職は，刑事訴訟法第　　　　条の規定により被疑者を逮捕するに当たり，その現場において，下記のとおり身体検査をした。

　　　　　　　　　　　　　　　記

1　身体検査の日時
　　　　　　年　　月　　日午　　時　　分から午　　時　　分まで

2　身体検査の場所

3　身体検査を受けた者（住居，職業，氏名，年齢，性別）

4　身体検査の立会人（住居，職業，氏名，年齢）

5　身体検査を必要とした理由

6　検査した身体の部位

7　身体検査の経過

（用紙　日本工業規格Ａ４）

の様式（司法警察職員捜査書類基本書式例44号）を示す。**(甲)** は身体検査令状による場合（第2編第7章第4節☞217頁**参照**）の、**(乙)** は逮捕時における場合（☞219頁**参照**）の様式である。

4 **身体検査の強制**

身体検査の相手方は、必ずしも被疑者、被告人には限らない。裁判所が身体検査を行う場合は、被疑者、被告人以外の者を出頭させるため召喚することができるものとし（刑訴132条、135条）、その違反者には制裁（過料、罰金、拘留）を科して、出頭の間接強制をしているが、捜査機関の場合には、こういった強制方法は許されていない。

これに反して、身体検査を受ける相手が正当の理由がなくてこれを拒んだときには、裁判所に請求して、10万円以下の過料に処し、費用の賠償を命ずることができるし（刑訴222条1項（☞8頁**参照**）、137条）、事案によっては、10万円以下の罰金または拘留の刑を科すことができる（刑訴222条1項、138条）。単に出頭に応じないだけでは、拒んだことにはならないであろう。また、こういった制裁を科しても効果がないと認めるときには、相手の拒絶にかかわらず、そのまま身体検査を強行することもできる（刑訴222条1項、139条）。これは直接強制であるから、強

【刑事訴訟法】
第132条 裁判所は、身体の検査のため、被告人以外の者を裁判所又は指定の場所に召喚することができる。
第135条 第132条の規定による召喚に応じない者は、更にこれを召喚し、又はこれを勾引することができる。
第137条 被告人又は被告人以外の者が正当な理由がなく身体の検査を拒んだときは、決定で、10万円以下の過料に処し、かつ、その拒絶により生じた費用の賠償を命ずることができる。
② 前項の決定に対しては、即時抗告をすることができる。
第138条 正当な理由がなく身体の検査を拒んだ者は、10万円以下の罰金又は拘留に処する。
② 前項の罪を犯した者には、情状により、罰金及び拘留を併科することができる。
第139条 裁判所は、身体の検査を拒む者を過料に処し、又はこれに刑を科しても、その効果がないと認めるときは、そのまま、身体の検査を行うことができる。
第140条 裁判所は、第137条の規定により過料を科し、又は前条の規定により身体の検査をするにあたっては、あらかじめ、検察官の意見を聴き、且つ、身体の検査を受ける者の異議の理由を知るため適当な努力をしなければならない。

制の方法も必要最少限度の妥当なものにとどまるよう注意しなければならない。直接強制を行った後、制裁を請求することもさしつかえない。

身体検査を拒んだ者に、上記のように制裁を科し、費用の賠償を命じ、あるいは直接強制を行うときには、あらかじめ、どうして拒んだかその異議の有無、およびその理由を調査するのに適当な努力をしなければならない（刑訴222条1項、140条（☞前頁参照））。これはこういった強制力を行うについて、事前に十分な慎重さを要求するものである。

第7節　実況見分

1　総　説

実況見分も、検証と同じく、五官の作用で物の存在や状態を実験、認識することによって真実を発見しようとする捜査方法である（捜査規範104条1項（☞35頁参照））。検証と違うのは、「**検証**」が強制捜査手続であるのに対して、「**実況見分**」は任意捜査手続であるという点である。

したがって、今まで検証についていろいろ説明したことは、強制力の行使の点だけを除外すれば、そのまま実況見分の説明にあてはまるわけである。すなわち、実況見分は任意の検証である。たとえば、屋内窃盗の被害を届け出た被害者の住居に赴いて、その被疑者の承諾を得て、その被害状況を捜査する場合には、他に誰の法益を侵すわけでもないし、強制力を用いる余地もないから、令状を得て検証するまでの必要はなく、実況見分で十分であろう。

実況見分については、別に法律に規定はない。しかし、刑訴法第197条（☞9頁参照）に「捜査については、その目的を達するため必要な取調をすることができる。但し、強制の処分は、この法律に特別の定めのある場合でなければ、これをすることができない。」とある以上、任意の検証である実況見分も、当然やり得るも

のといわざるを得ない。

2　身体についての実況見分

「身体についての実況見分」は、・任・意・の・身・体・検・査である。したがって、これも検査を受ける相手方が承諾する限りさしつかえないといわざるを得ない。しかしながら、身体を検査することは、人権保障の観点から考えても特に慎重に取り扱わねばならない。したがって、任意の身体検査はその承諾が真に自発的のものであるかどうかを確認して行うべきで、しかも、この承諾の事実は調書上も明らかにしておく必要がある。なお、女子の身体については、さらに取扱いを慎重にする必要があるので、犯罪捜査規範においては、女子を裸にして身体を検査することは、令状によらない限り、たとえ相手方が承諾しても、行ってはならないとしている。もちろん裸にするのではなく、通常露出している部分あるいは衣服の上からの検査であれば、承諾を得て行ってもさしつかえない（規範107条（☞43頁参照））。

3　関係者の立会

実況見分に当っては、必ず居住者、管理者その関係者の立会を得て行うようにしなければならない（規範104条2項（☞35頁参照））、これも別に法律上の規定はない。実況見分が任意の承諾に基づくものである以上、その任意性の担保として、立会人を置き、それが任意であることを明らかにしておく必要がある。

さらに、検証について述べたと同様（第5節の4「立会人の指示説明」☞31頁参照）、実況見分の場合でも事情をよく知っている関係者に現場に立会ってもらい、その指示説明によって実況見分を進めることが、事実の真相を究明する上から必要である。

4　被疑者の供述による実況見分

被疑者の自白により、犯行に使用した凶器の処分先や、贓品の処分先が判明することは、捜査上よく経験することである。この自供が別の証拠によって裏付けられ

た場合には、その自白の真実性が証明されたことになる。自供により処分先が発見され、その凶器、贓品等の状態が証拠となる場合、たとえば、自宅の裏庭に埋没して隠匿してあった凶器を発見したとか、住居の押入れから贓品を発見したような場合には、ただちにその発見の状況を実況見分し、調書にしてこれを明確にする必要がある（規範106条）。それに強制力を要するときは検証をするべきであることはもちろんである。

このような場合には、捜索差押調書とか、任意提出による領置調書によってまかなっているのが通例であるが、捜索差押調書等には、検証調書や実況見分調書のような証拠能力は認められていないから、その証明力を高めるためには、やはり、実況見分、検証が必要となるのである。

5 実況見分を行う場合

それではいったいどんな場合に実況見分を行い、どんな場合に検証を行うのであろうか。これには実況見分を行った場合と検証を行った場合の、行った結果についての法律上の効果が問題となる。かつては、検証調書は実況見分調書に比べて裁判上証拠能力が強いとされてきたが、現在では、双方とも刑訴法321条3項（☞次頁参照）の規定が適用され、その法律上の効果は全く同一と解されている（最判昭35・9・8、昭36・5・26（第10節「2実況見分調書の証拠能力」☞118頁参照））。これは任意捜査である領置によって押収された証拠物と、強制捜査である差押によって押収された証拠物とが法律上の効果に差異がないのと全く同様である。

こう考えてくると、結局強制力を行使するかどうか、言いかえれば、強制力を使う必要があるときは検証を行い、その必要がないときは実況見分にするべきである

【犯罪捜査規範】
（被疑者の供述に基づく実況見分）
第106条　被疑者の供述により凶器、盗品等その他の証拠資料を発見した場合において、証明力確保のため必要があるときは実況見分を行い、その発見の状況を実況見分調書に明確にしておかなければならない。

といわざるを得ない。この場合、その承諾、同意を実況見分調書上明確にしておくべきはもちろんである。

　捜査の原則は任意捜査ではあるが、任意の逮捕、すなわち、本人の承諾を得て令状なしに逮捕することは、憲法上許されない。同様家宅捜索についてもこれと同様に解するというのが有力な説であって、捜査規範では任意の家宅捜索を禁じている（規範108条）。検証においては、人の住居、邸宅等に立ち入って検証をする事例は極めて多いし、また、検証に伴って証拠品の捜索の必要があることも少なくない。したがって、こうした場合には、なるべく任意の検証、すなわち実況見分は避け、令状による検証を行うべきであろう。人の住居に立ち入る場合で先にあげた屋内窃盗の被害者の家屋の例（1の解説☞50頁参照）のように、それが立入りによ

【刑事訴訟法】
第321条　被告人以外の者が作成した供述書又はその者の供述を録取した書面で供述者の署名若しくは押印のあるものは、次に掲げる場合に限り、これを証拠とすることができる。
　一　裁判官の面前（第157条の4第1項に規定する方法による場合を含む。）における供述を録取した書面については、その供述者が死亡、精神若しくは身体の故障、所在不明若しくは国外にいるため公判準備若しくは公判期日において供述することができないとき、又は供述者が公判準備若しくは公判期日において前の供述と異つた供述をしたとき。
　二　検察官の面前における供述を録取した書面については、その供述者が死亡、精神若しくは身体の故障、所在不明若しくは国外にいるため公判準備若しくは公判期日において供述することができないとき、又は公判準備若しくは公判期日において前の供述と相反するか若しくは実質的に異つた供述をしたとき。但し、公判準備又は公判期日における供述よりも前の供述を信用すべき特別の情況の存するときに限る。
　三　前二号に掲げる書面以外の書面については、供述者が死亡、精神若しくは身体の故障、所在不明又は国外にいるため公判準備又は公判期日において供述することができず、且つ、その供述が犯罪事実の存否の証明に欠くことができないものであるとき。但し、その供述が特に信用すべき情況の下にされたものであるときに限る。
②　被告人以外の者の公判準備若しくは公判期日における供述を録取した書面又は裁判所若しくは裁判官の検証の結果を記載した書面は、前項の規定にかかわらず、これを証拠とすることができる。
③　検察官、検察事務官又は司法警察職員の検証の結果を記載した書面は、その供述者が公判期日において証人として尋問を受け、その真正に作成されたものであることを供述したときは、第1項の規定にかかわらず、これを証拠とすることができる。
④　鑑定の経過及び結果を記載した書面で鑑定人の作成したものについても、前項と同様である。
【犯罪捜査規範】
（人の住居等の任意の捜索の禁止）
第108条　人の住居又は人の看守する邸宅、建造物若しくは船舶につき捜索をする必要があるときは、住居主又は看守者の任意の承諾が得られると認められる場合においても、捜索許可状の発付を受けて捜索をしなければならない。

って損害を被るおそれのある者の利益を擁護するためであれば、実況見分によってもあまり問題は生じないであろう。

　結局、こうしてみると関係人の承諾を得られないか、また、得られてもこの点で後日争いの生ずる可能性のあるときは、検証をすべきであり、その可能性がほとんどないときは、実況見分でよいといわざるを得ないであろう。

　実務上は、窃盗・失火・業務上過失致死傷・住居侵入・器物損壊といった種類の犯罪については、実況見分が多く行われ、強盗・強盗致死傷・強姦・殺人・放火といった強力犯の犯罪には、検証による事案が多い。これは以上述べた理由にもよるけれども、過去において検証調書の証明力が、実況見分調書のそれより強いと解釈されていたため、犯罪の証明に欠くことのできないものは、検証手続によるとしていた沿革的な理由によるものではあるまいか。

第2章　検証調書・実況見分調書

第1節　検証調書の作成

1　総説

　検証をしたときには、検証調書を作成しなければならない（刑訴規則41条1項、捜査規範157条1項（☞35頁参照））。検証調書は、捜査官が検証を実行したこと及びその検証の結果を記載した書面である。したがってこの調書には、捜査官が検証をしたことについての手続的な事項と、捜査官がその物的証拠について実験認識したところとを記載してあるのである（後述第2節の 1 （☞65頁参照））。その検証が令状によるものであるときは、検証調書にその令状を添付しなければならない。

　身体検査又は実況見分をしたときには、身体検査調書、実況見分調書を作成しなければならないことは、検証と同様である（捜査規範157条1項、104条2項（☞35頁参照））。身体検査調書、実況見分調書については、いずれ項を改めて述べるが

【刑事訴訟規則】
（検証、押収の調書）
第41条　検証又は差押状若しくは記録命令付差押状を発しないでする押収については、調書を作らなければならない。
2　検証調書には、次に掲げる事項を記載しなければならない。
　一　検証に立ち会つた者の氏名
　二　法第316条の39第1項に規定する措置を採つたこと並びに被害者参加人に付き添つた者の氏名及びその者と被害者参加人との関係
　三　法第316条の39第4項に規定する措置を採つたこと
3　押収したときは、その品目を記載した目録を作り、これを調書に添附しなければならない。

（後述第9節（☞111頁参照）および第10節（☞117頁参照））、身体検査が検証の一種であり、実況見分が任意の検証である以上、身体検査調書、実況見分調書の作成も、検証調書の作成とほぼ同じである。したがって、以下検証調書について述べることは、身体検査調書、実況見分調書の作成についても、ほぼそのままあてはまる。

② 検証調書の作成者

　検証調書は、その検証を行った捜査官が自ら作成する。もちろん、自ら作成するといっても、すべてを自分自身で書くという意味ではない。検証の補助をした者に調書作成を補助させることは一向にさしつかえないが、この場合には、補助者をして作成権限者とともに調書に署名押印させておかなければならない。

③ 検証調書作成の時期及び場所

　検証調書は、その検証の都度、すみやかに作成しなければならないが、必ずしも、検証の現場において作成する必要はない。検証を終了して所属の官公署に戻ってから作成することもさしつかえない。現場写真を添付するような場合には、検証現場で調書を作成することは、事実上不可能である。むしろ、現場では要点を細かくメモしておいて、帰庁の上、このメモに基づき、さらには現像できた現場写真等をも参照して作成したほうが、より正確で良いものができるであろう。

　検証を一旦中止し、さらに翌日継続して行うような、検証が数日にわたる場合（刑訴222条1項（☞8頁参照）、118条（☞12頁参照））には、全部の検証が完了してから作成すべきである（大判昭2・12・24）。

　なお、「検証の時及び場所」と「検証調書作成の時及び場所」とは、これを混同しないよう注意を要する。

　また、重大事件で同じ場所を数回にわたって検証し写真撮影した場合、先の日付の検証調書に誤って後の検証時に撮影した写真を添付するような事例が意外と多い

ので注意しなければならない。検証調書の作成日付と内容が整合していなければ、公判でその検証調書の信用性が著しく損なわれることになるからである。

4 検証調書作成の目的

　多くの犯行の現場は、日時の経過とともに変化していく。殺人の現場の血痕は洗い去られ、死体は運び去られ、放火の現場には新しい家屋が建築されて行く。後日同じ現場で犯行当時と同一状態をもう一度再現するということは、ほとんど不可能である。検証調書は、こういった当時の現場の模様を、後日そのままに物語る唯一の資料となるのである。検証調書は、現場の検証をした捜査官が心覚えのために作成するメモ書ではない。現場に臨まない事件関係者、とくに裁判官にその当時の現場の状況をそのまま知らせるために作成される書類である。

　公判廷において、犯行当時の被害者の倒れた位置、死亡した場所が、出火の地点が、燃焼の程度が、あるいは被告人の供述内容と犯行現場の模様が一致するかどうかが問題となり、思いもかけない争いを生ずることも少なくない。こういった場合に、この疑問を解決するのに有力な役割を演ずるのが、この検証調書でなければならない。

　一方において、検証調書は、検証が公正に、適法に実施されたことを明らかにしている書面である。検証調書には、検証の時、場所、立会人の氏名等を記載し、作成者が署名押印しており、これによって検証の手続が適正に行われたことを明らかにしているのである。

　すなわち、検証手続の公正を担保するとともに、裁判所その他後日これを読む事件関係者に、実際にその場所や物の状況を観察するのと同じような効果を挙げて、犯罪証明の資料を提供するのが、検証調書作成の究極の目的である。刑事訴訟法が、この検証調書に供述調書等の他の証拠書類と違った、特に高い証拠能力を付している（同法321条3項（☞53頁参照））ことから考えても、その重要性がわか

るであろうし、また、正確かつ公正に作成することが期待されているのである。

5　検証調書作成の一般的注意事項

　捜査官たるものは、検証をするにあたって、いったい何の目的でその検証をするかということを常に念頭に置きつつ、現場をし細に観察し、これを最もわかりやすく、簡明直截に調書に表現することを心掛けなければならない。元来、検証調書というものは、作る側になると誠に困難な、面倒なものであるが、それと同時に読む方からみても、実に読み難く、頭に入り難いものである。もし作る側で、その整理が悪かったり、冗漫であったりすると、これを読む人は読んでも何が書いてあるのか理解できないし、場合によっては、途中で読むのを諦めて、放棄してしまうことさえあるであろう。作成者としては、このことを考え、常に読む人の立場になってみて、読みよい、わかりやすい調書を作成しなければならない。読んでもわからない調書は、なんら存在価値がない調書である。

　こうはいうものの、検証調書を痒いところに手の届くように書きこなすということは、口では言えてもなかなか行い難い事である。ことにそれが事件の内容によって、その検証の目的によって、表現の方法はいちいち異なってくるものであるからなおさらであろう。したがって、この調書の作成については、これを一律に述べるわけには行かないのであるが、以下、特に考慮すべき点を二、三掲げてみよう。

(1)　検証調書は簡明直截に書くべきである。

　検証現場で観察したことを細大もらさず、何から何まで書きつくした検証調書は、必ずしもよい調書とは言えない。これでは逆に煩わしく、何が要点であるかわからなくなってしまう。写真でいうならば、いわゆるピンボケの写真である。調書は要領よく整理して、要点についてはし細に説明していくとともに、不要な箇所を省略して行かねばならない。しかし、いかに簡明でも、必要事項が抜けていては何にもならない。どの程度まで書き、どの程度まで省略す

るかは、その事件によって、その検証の目的によって異なるが、要するに当該事件に関係のあることだけ書いて行けば足りるのである。しかし、何が事件に関係があるか、これはその事件の全貌がはっきりするまでは誰にもわからないことである。検証で、事件に関係がないと無視してしまった痕跡が、犯人が捕ってからみると、実に重要な物的証拠であったといった実例は、我々が常に経験するところである。すなわち、調書が冗漫であってはならないというのは、必要以外のことは書くべきではないという意味ではなく、明らかに不必要なことを省略すべきであるという趣旨にすぎないのである。必要かどうか明らかでないもの、換言すれば、検証にあたって、これが事件と関係があるかどうか、調書に掲げる必要があるかどうか判断に迷うようなものは、たとえ、後日無駄となっても、むしろ調書に記載しておくのが適当である。こうして、何が事件に関係があり、何が不必要なものであるか、これを見分けて行くのが、検証をする捜査官の眼である。たとえば、殺人現場において、被害者は絞殺されている場合に、柱に、刀の様なものによる、数年以前につけたと思われる切瑕があっても、それは犯罪には関係はないであろう。しかし、現場が刺殺の殺人現場とすれば、この切瑕は一応疑問にする必要が出てくる。こういったように、現場のすみずみまで、その一木一草に至るまでも捜査眼を働らかせて、その上で取捨選択していかねばならない。

(2) **検証調書は事実に則して記載しなければならない。**

　検証調書は、その性質上とかく平板に流れがちで、無味乾燥なものが多い。しかし、それだからといつて読みやすいように色をつけたり、美辞麗句を用いて味をつけることは絶対に許されない。殺人の検証調書はスリラー小説ではないのである。物事を描写するにも、必要以外の潤色的な形容詞は絶対に避けなければならない。現場一杯に血が散っていたとすれば、どことどこに血痕があ

ったと書けばそれで足りるのであって、「凄惨眼を覆うものがあった」と書く必要はごうもない。もし、何とかそれ以上にその現場の実感を出そうとするのであれば、現場のカラー写真を撮って検証調書に添付すべきであろう。このように検証は、主観を入れず、物を客観的に、冷静に観察して、その観察したところをそのままに調書に記載していくのである。

(3) **検証調書に作為を施してはならない。**

これもいうまでもないところであるが、悪意でなくてもついこの誤りを犯すことがある。たとえば、日常の勤務でよく知っている場所の検証にあたって、検証当時にはその状況がないのに、平素から知っている知識を調書上に記載してしまう場合がある。これは、検証にあたった人の個人の知識であって、検証時の観察によって認識したところではないはずである。また、検証当時都合で撮影できなかった写真を翌日撮って調書に添付した事例や、調書作成中に現場で見落としたり、測量を誤ったりして調書の記述や図面作成ができないところから、再度現場に行ってみて、非公式に測り直して作成したような事例もないではない。実務においては、検証当日の写真が失敗したり、その時に写真班が間に合わず写真が撮れなかったりしたため、後日写真を撮る場合もあるであろうし、あるいは当日の見分が不十分であったため、もう一度現場を見てみなければならないような事例もあるであろう。しかし、そのために非公式に現場におもむいて私的検証をしたりすると、思わぬ失敗を招くおそれがある。正規の検証の際に全然存在しなかった状況を撮影してしまったり、調書上に記載してしまったりして、後日公判廷でそれが争いとなった結果、適正な部分の信憑力まで、更には調書全体の証拠力まで失なわせてしまった事例も少なくない。こういった私的の措置は厳に慎しむべきである。

もし、検証時に手落ちがあったならば、それを小手先で一時的につくろうよ

うなことをせず、正々堂々とその手落ちを明らかにし、さらに令状を得て再検証をするとか、別に実況見分をして前の欠缺を補正するといった正規の方法でこれを完成しておくべきである。

(4) **検証調書は、他人に読ませるものであることに留意して作成しなければならない。**

　検証調書は、捜査官のメモではない。後日公判廷で裁判官をはじめいろいろの人に見せ、当時の状況をそのまま認識させ得るように作成されなければならない。

　それにはまず、読みやすいことが必要である。最近はワープロで作成されることが殆どであるが、もし手書きによるときには、丁寧で乱雑にならぬように、読みやすく書くべきである。自己流のくずし字や、あて字、誤字を書くことは禁物である。また、後でも述べるように、天候とか、距離、方位式は建築物等の状況をあらわすのに、各種の専門用語や名称がある。こういった用語等をよく研究しておいて、これを自由に使って書くと、文章も割合簡潔に表現することができる。

　文章は名文である必要はないが読む側のことを考えて、重複、脱略のないように、整然と記載しなければならない。そのためには、検証にあたってはメモを作成しておいて、これに観察したところをもれなく記入し、調書作成にあたって、このメモをよく整理し、内容を適宜取捨選択して、順序正しく記載するのがよいであろう。

　また、このためには、「**見取図**」、「**実況写真**」を十分に活用すべきである（捜査規範157条（☞35頁**参照**）、104条3項（☞35頁**参照**））。言葉で表現するのが困難な状況でも、「**見取図**」、「**実況写真**」で一見容易に理解させることができるものが少なくない。

6 検証調書の証拠力

　刑事訴訟法は、原則として公判期日における供述にかえて、書面を証拠とすることを禁止している（刑訴320条）。このことは、直接審理主義の当然の要請であって、すべての証人を直接公判廷で取り調べ、憲法で保障された被告人の反対尋問権を有効に行使させようとする趣旨にほかならない。しかし、この原則にも例外は認められている。刑訴法第321条から第328条までは、この例外を規定したものであるが、これによると司法警察職員のつくる捜査書類が、裁判上の証拠となるためには、一般的に厳しい条件がつけられている。たとえば、参考人の供述調書は、被告人側の同意が得られない限り、それが裁判上証拠となり得るには、供述者本人の署名または押印という形式的要件のほかに供述した参考人が死亡したとか、所在不明、外国旅行といったような理由で、公判廷に出頭できなかったり、出廷しても供述できない場合で、しかも、その供述が犯罪事実の存否の証明に欠くことができないものであり、かつ、その供述が特に信用すべき状況でなされた任意性のあるもの

【刑事訴訟法】
第320条　第321条乃至第328条に規定する場合を除いては、公判期日における供述に代えて書面を証拠とし、又は公判期日外における他の者の供述を内容とする供述を証拠とすることはできない。
② 　第291条の2の決定があつた事件の証拠については、前項の規定は、これを適用しない。但し、検察官、被告人又は弁護人が証拠とすることに異議を述べたものについては、この限りでない。
第321条　被告人以外の者が作成した供述書又はその者の供述を録取した書面で供述者の署名若しくは押印のあるものは、次に掲げる場合に限り、これを証拠とすることができる。
一　裁判官の面前（第157条の4第1項に規定する方法による場合を含む。）における供述を録取した書面については、その供述者が死亡、精神若しくは身体の故障、所在不明若しくは国外にいるため公判準備若しくは公判期日において供述することができないとき、又は供述者が公判準備若しくは公判期日において前の供述と異つた供述をしたとき。
二　検察官の面前における供述を録取した書面については、その供述者が死亡、精神若しくは身体の故障、所在不明若しくは国外にいるため公判準備若しくは公判期日において供述することができないとき、又は公判準備若しくは公判期日において前の供述と相反するか若しくは実質的に異つた供述をしたとき。但し、公判準備又は公判期日における供述よりも前の供述を信用すべき特別の情況の存するときに限る。
三　前2号に掲げる書面以外の書面については、供述者が死亡、精神若しくは身体の故障、所在不明又は国外にいるため公判準備又は公判期日において供述することができず、且つ、その供述が犯罪事実の存否の証明に欠くことができないものであるとき。但し、その供述が特に信用すべき情況の下にされたものであるときに限る。

② 被告人以外の者の公判準備若しくは公判期日における供述を録取した書面又は裁判所若しくは裁判官の検証の結果を記載した書面は、前項の規定にかかわらず、これを証拠とすることができる。
③ 検察官、検察事務官又は司法警察職員の検証の結果を記載した書面は、その供述者が公判期日において証人として尋問を受け、その真正に作成されたものであることを供述したときは、第1項の規定にかかわらず、これを証拠とすることができる。
④ 鑑定の経過及び結果を記載した書面で鑑定人の作成したものについても、前項と同様である。
第321条の2　被告事件の公判準備若しくは公判期日における手続以外の刑事手続又は他の事件の刑事手続において第157条の4第1項に規定する方法によりされた証人の尋問及び供述並びにその状況を記録した記録媒体がその一部とされた調書は、前条第一項の規定にかかわらず、証拠とすることができる。この場合において、裁判所は、その調書を取り調べた後、訴訟関係人に対し、その供述者を証人として尋問する機会を与えなければならない。
② 前項の規定により調書を取り調べる場合においては、第305条第4項ただし書の規定は、適用しない。
③ 第1項の規定により取り調べられた調書に記録された証人の供述は、第295条第1項前段並びに前条第1項第1号及び第2号の適用については、被告事件の公判期日においてされたものとみなす。
第322条　被告人が作成した供述書又は被告人の供述を録取した書面で被告人の署名若しくは押印のあるものは、その供述が被告人に不利益な事実の承認を内容とするものであるとき、又は特に信用すべき情況の下にされたものであるときに限り、これを証拠とすることができる。但し、被告人に不利益な事実の承認を内容とする書面は、その承認が自白でない場合においても、第319条の規定に準じ、任意にされたものでない疑があると認めるときは、これを証拠とすることができない。
② 被告人の公判準備又は公判期日における供述を録取した書面は、その供述が任意にされたものであると認めるときに限り、これを証拠とすることができる。
第323条　前3条に掲げる書面以外の書面は、次に掲げるものに限り、これを証拠とすることができる。
　一　戸籍謄本、公正証書謄本その他公務員（外国の公務員を含む。）がその職務上証明することができる事実についてその公務員の作成した書面
　二　商業帳簿、航海日誌その他業務の通常の過程において作成された書面
　三　前2号に掲げるものの外特に信用すべき情況の下に作成された書面
第324条　被告人以外の者の公判準備又は公判期日における供述で被告人の供述をその内容とするものについては、第322条の規定を準用する。
② 被告人以外の者の公判準備又は公判期日における供述で被告人以外の者の供述をその内容とするものについては、第321条第1項第3号の規定を準用する。
第325条　裁判所は、第321条から前条までの規定により証拠とすることができる書面又は供述であつても、あらかじめ、その書面に記載された供述又は公判準備若しくは公判期日における供述の内容となつた他の者の供述が任意にされたものかどうかを調査した後でなければ、これを証拠とすることができない。
第326条　検察官及び被告人が証拠とすることに同意した書面又は供述は、その書面が作成され又は供述のされたときの情況を考慮し相当と認めるときに限り、第321条乃至前条の規定にかかわらず、これを証拠とすることができる。
② 被告人が出頭しないでも証拠調を行うことができる場合において、被告人が出頭しないときは、前項の同意があつたものとみなす。但し、代理人又は弁護人が出頭したときは、この限りでない。
第327条　裁判所は、検察官及び被告人又は弁護人が合意の上、文書の内容又は公判期日に出頭すれば供述することが予想されるその供述の内容を書面に記載して提出したときは、その文書又は供述すべき者を取り調べないでも、その書面を証拠とすることができる。この場合においても、その書面の証明力を争うことを妨げない。
第328条　第321条乃至第324条の規定により証拠とすることができない書面又は供述であつても、公判準備又は公判期日における被告人、証人その他の者の供述の証明力を争うためには、これを証拠とすることができる。

でなくてはならない（刑訴321条1項3号）とされている。

　ところが、検証調書は、捜査機関の作成したものであっても、その検証を実施した捜査官（作成者）が「**公判期日において証人として尋問を受け、その真正に作成されたものであることを供述したとき**」には、被告人側の同意がなくても、これを裁判上の証拠とすることができるのであって（刑訴321条3項）、きわめて緩やかな条件のもとに証拠能力を認められている。すなわち、検証をした捜査官が、公判廷に証人として出廷し、「**この調書は、私が○○事件について○○日○○の場所で検証した結果をありのままに記載したもので、私が作成したものに間違いありません**」と証言すれば、それで証拠に使えるのである。検証調書はこのように調書自体が真正に作成されたことの証言があれば、証拠能力を認められている。しかし、この場合の「**真正に作成された**」というのは、単に偽造ではないというだけの意味ではなく、検証をした者が自己の認識したところをそのまま正確に記載したという趣旨である。そうであってこそ、被告人側では、その証人尋問の機会に、検証の結果として調書に記載してある事実が、真実に合致するかどうかを十分審問することができるのであって、これが直接審理主義の下で検証調書の証拠能力が認められている所以ではなかろうか。

　元来、検証調書は、そこに細部にわたっての観察事項等、わりあい複雑な内容が記録されており、検証をした人がいちいちその内容を記憶しているのが無理な場合が多い。むしろ、検証の直後に、その観察した結果を記載した検証調書のほうが、作成者の公判廷の証言より正確を期し得るであろう。これが検証調書に高度の証拠能力を認めた実質的理由である。

第2節　検証調書の記載事項

1　総　説

検証調書には、「**形式的事項**」すなわち手続的な事項と、「**実質的事項**」すなわち検証の結果とを記載しなければならない。

検証調書の「**形式的記載事項**」は、次のとおりである。

　① 　被疑者氏名及びその事件の罪名

　② 　検証をした捜査官の氏名

　③ 　令状によるときは、令状を示した旨及び令状を示された者、令状発付裁判官氏名及び発付年月日

　④ 　令状によらない場合は、被疑者逮捕の種別

　⑤ 　検証をした年月日時（刑訴規則42条）

　⑥ 　検証をした場所又は物（規則42条）

　⑦ 　検証の目的

　⑧ 　検証に立会った者の氏名（規則41条2項（☞55頁参照））

　⑨ 　検証に立会った者の指示説明

上記のうち、⑦の検証の目的と⑨の検証に立会った者の指示説明は、検証の結果すなわち「**実質的記載事項**」と密接な関連があるが、何について行った検証であるか、そこでどんな指示説明が行われたかという点では、「**形式的記載事項**」である。

【刑事訴訟規則】
（調書の記載要件）
第42条　第38条、第39条及び前条の調書には、裁判所書記官が取調又は処分をした年月日及び場所を記載して署名押印し、その取調又は処分をした者が認印しなければならない。但し、裁判所が取調又は処分をしたときは、認印は裁判長がしなければならない。
2　前条の調書には、処分をした時をも記載しなければならない。

検証調書の「**実質的記載事項**」は、検証の結果、すなわち、その検証をした捜査官が実験認識した結果である。この点については項を改めて説明する（後述「**第3節　検証の経過の記載（実質的記載事項）**」☞76頁参照）。

　なお、「**検証調書の様式**」は、最高検察庁の定めた司法警察職員捜査書類基本書式例に定められている（様式第40号及び第41号）。それは次頁以下のとおりであるが、そのうちの（甲）は**令状による検証の場合**、（乙）は**逮捕の現場における検証の場合**の様式である。検証の経過等は、もちろんこの様式に定められた欄だけでは書き切れない場合が多いであろうが、その場合には、継続紙をつけ足していくとか、「別紙のとおり」と記載して別紙に記載・添付すればよい。

2　被疑者氏名及びその事件の罪名

　「**被疑者の氏名**」は、検証令状請求書の記載の程度（第1章第3節の4（☞15頁）参照）に記載しておけばよい。被疑者の氏名（法人ならばその名称）は、もし、氏名がわからないときには、その特徴等である程度特定できれば、その特徴を記載すれば足りるし、まったくわからないときは「氏名不詳」でもさしつかえない。犯行直後の現場検証等では、むしろ「氏名不詳」の場合の方が多いであろう。

　「**事件の罪名**」も、一応推測できる程度の罪名でよい。すなわち、他殺死体のある現場ならば、一応「殺人被疑事件」でよく、それが後で傷害致死事件になっても、強盗殺人あるいは強姦殺人事件になっても、事件自身が同一であれば検証調書の効力には影響がない。

3　検証をした捜査官の氏名

　「**検証をした捜査官**」は、その調書に署名押印しなければならない。この場合には、所属官公署および当該検証官の官公職も表示すべきである。この検証をした捜査官の氏名が、とりもなおさず、その検証調書の作成者の氏名である（規範56条1項（☞69頁参照））。押印は職印でもよいが、犯罪捜査規範では原則として「認

様式第40号（刑訴第218条,第222条）

検 証 調 書 （甲）

　　　　　　　　　　　　　　　　　　　　　年　　月　　日

　　　　　　　　警　察　署

　　　　　　　　司法　　　　　　　　　　　　　　㊞

被疑者　　　　　　　　に対する　　　　　　　　被疑事件につき，本職は，　　年　　月　　日付け　　　　　裁判所　　　　裁判官の発した検証許可状を　　　　　　に示して，下記のとおり検証をした。

　　　　　　　　　　　　記

1　検証の日時

　　　　　年　　月　　日午　　時　　分から午　　時　　分まで

2　検証の場所又は物

3　検証の目的

4　検証の立会人（住居，職業，氏名，年齢）

5　検証の経過

（注意）　やむを得ない理由により令状を示すことができなかったときは，その理由を付記すること。

（用紙　日本工業規格A4）

様式第41号（刑訴第220条,第222条）

検 証 調 書 （乙）

　　　　　　　　　　　　　　　　　　　　年　月　日

　　　　　　　　　警察署
　　　　　　　司法　　　　　　　　　　　　　㊞

被疑者　　　　　　　　に対する　　　　　　　被疑事件につき，本職は，刑事訴訟法第　　　条の規定により被疑者を逮捕するに当たり，その現場において，下記のとおり検証をした。

記

1　検証の日時

　　　　年　月　日午　時　分から午　時　分まで

2　検証の場所，身体又は又は物

3　検証の目的

4　検証の立会人（住居，職業，氏名，年齢）

5　検証の経過

（注意）　検証と同時に身体検査を行うときは，別に身体検査調書（乙）を作成することなく，この調書の相当欄に身体検査に関する事項も併せて記載することができる。

（用紙　日本工業規格Ａ４）

印」によるべきことを命じている（規範56条2項）。これは書類作成者の責任をより一層明確にするための要請である。

　2名以上の捜査官が共同して検証をしたときは、全員で調書に署名押印すべきである。「**検証補助者**」を使用した場合には、補助者も署名押印しておくべきであろう。そうすることによって、この調書の公正を担保することにもなる。

　検証において、検証をしたのが何人であるかということは、きわめて重要な事柄であり、検証をした捜査官の氏名は検証調書のうちでも最も重要な記載事項のひとつである。いわんや、それが同時に調書作成者の氏名をあらわすものである以上、これを遺脱したときは、その調書の効力はもろろん、成立の真偽すら疑われるであろう。このようなことはあり得ないと考える人もあるかも知れないが、そのあり得ない実例が二、三あったので一言注意をしておく。

④　令状によるときは、令状を示した旨及び令状を示された者、令状発付裁判官氏名、令状発付年月日

⑤　令状によらないときは、被疑者逮捕の種別

　これらについては、特に説明を要しないであろう。令状を示した相手方が複数であれば、調書の記載も複数の相手に示したものとして書いておくべきである。令状によらない場合には、たとえば、「現行犯逮捕に際し」といったように、刑訴220条（☞5頁**参照**）の何によって検証をやったのかを調書上明瞭にする。勾留状の執

【犯罪捜査規範】
（署名・押印等）
第56条　書類には、特別の定がある場合を除いては、年月日を記載して署名押印し、所属官公署を表示しなければならない。
2　押印は、原則として認印をもつてするものとする。
3　書類（裁判所又は裁判官に対する申立て、意見の陳述、通知その他これらに類する訴訟行為に関する書類を除く。）には、毎葉に契印するものとする。ただし、その謄本又は抄本を作成する場合には、契印に代えて、これに準ずる措置をとることができる。
4　書類の余白または空白には、斜線を引き押印するものとする。

6 検証の年月日時

犯罪現場その他で、実際に検証を実施したその始期および終期については、この「**年月日時**」を調書に明らかにすべきである。通常は、様式に記載されているように（☞67頁・68頁参照）

　　「平成13年12月1日午後1時10分から午後3時15分まで」

と記載したり、あるいは本文内で

　　「本検証は平成13年12月1日午後1時10分に開始し、同日午後3時15分に終了した。」

と記載するのが例である。もし、途中で一旦中止したならば、その旨及び中止した理由並びに再開しかつ終了した日時を記入すべきである。この場合は、たとえば、

　　「本検証は、平成13年12月1日午後2時に開始したが、午後3時10分降雨激しく検証を続行することができないため一旦中止し、翌12月2日午前9時10分再開し、同日午前11時23分終了した。」

等と記載すれば、十分であろう。

検証について、その時刻までも記載することを求められているのは、夜間の検証が、特定の場所又は特別の場合以外は、これを制限されている（刑訴222条4項、5項（☞8頁参照）、117条）ことなどから、検証が適法に行われたかどうかを明ら

【刑事訴訟法】
第116条　日出前、日没後には、令状に夜間でも執行することができる旨の記載がなければ、差押状、記録命令付差押状又は捜索状の執行のため、人の住居又は人の看守する邸宅、建造物若しくは船舶内に入ることはできない。
②　日没前に差押状、記録命令付差押状又は捜索状の執行に着手したときは、日没後でも、その処分を継続することができる。
第117条　次に掲げる場所で差押状、記録命令付差押状又は捜索状の執行をするについては、前条第1項に規定する制限によることを要しない。
　一　賭博、富くじ又は風俗を害する行為に常用されるものと認められる場所
　二　旅館、飲食店その他夜間でも公衆が出入りすることができる場所。ただし、公開した時間内に限る。

かにするためである。したがって、この・時・間・は・正・確・に・記・載・し・な・け・ればならない。1通の調書で検証の場所が2か所以上にわたる場合には、冒頭の「**時刻**」の項には、検証の開始と終了の時刻を記載し、それぞれの場所における必要な時刻の記載は、「**検証の場所**」の項、あるいは「**検証の経過**」の項に適宜記載すればよいであろう。

「**検証の時刻**」は、また、その検証の当時、現場がどのように見えたかということ、すなわち、検証の結果にも重要な影響をもつ。昼間と夜間はもちろん、昼間だけでも、時間によって、また光線の具合によって物体の陰影の状況などは大いに違うであろう。この意味からは、さらに、天候の状況、夜間検証の際の照明方法なども、日時とは別項に、明確に記載しておく要がある。

「**検証の年月日時**」は、検証調書作成の年月日とはもちろん違う観念であり、また、違っても一向にさしっかえない（本章第1節の**3**☞56頁**参照**）。ところが、実際の記録によると、おうおう、調書の作成が検証の日時より後と考えられるにもかかわらず、検証の日時と同一日時を記入している事例に接することが少なくない。これではかえって、その調書の信憑力を弱める結果になるから注意を要する。

なお、時間を表わす場合、午前12時10分とか、午後12時30分というような記載に接することがある。これだけでは、午前か午後かわからぬ場合が多い。正しくいえば、午前12時は正午であり、午前12時10分は真夜中である。したがって、このような場合には、正午、午後零時30分、午前零時、午前零時10分といった記載の方が、誤解を招かなくてよい。

7 **検証の場所又は物**

検証をした「**場所又は物**」は、検証許可状に記載されてある場所又は物と一致する場合がほとんどである。しかし、時には、検証許可状記載の物件の一部が不存在のため、検証することができない場合もあり、この時は、許可状記載の物と実際に

検証をした物とが一致しないことになる。このような時にも、検証の対象は、許可状記載の物件であるから、検証の「**物**」としては一応許可状記載の物件を記載しておき、その物件が不存在である事実、したがって、この検証をすることができなかった事実を、「**検証の経過**」の項に記載するのがよい。

検証の場所あるいは物件は、許可状記載の場所又は物件と異なった「**場所又は物**」であってはならないことは勿論であるが、これと同一性を保つ限度では、多少の異同はさしつかえないであろう。

令状なしに検証をする場合（刑訴220条（☞5頁参照））には、実際に検証をした場所又は物を具体的に記載する。

検証の「**場所の表示**」は、具体的に、しかも概括的に記載するのがよい。地名は、上訴審等の場合を考慮し、都道府県名から書き表わすことが望ましい。たとえば、

「東京都大田区蒲田4丁目32番地小倉電機株式会社蒲田寮」
「宮城県仙台市青葉区一番町○○番地田中太郎方並びにその付近」
「愛知県○○郡○○町○○番地内ＪＲ東海道線○○踏切付近被疑者逮捕現場」

といったように記載すればよい。検証の場所が数か所にわたるときは、検証の順序に従い、第1、第2と順次番号をつけ、これを並べて記載すべきである。

なお、検証の場所は、後述の見取図で示すことによって、より明確になる場合が多いであろう。この場合には、

「京都府京都市上京区○○町○○番地○○方及びその付近（第1見取図参照）」

と記載しておくとわかりやすい。

検証の対象である物、すなわち、目的物の記載も具体的に書いておく、たとえば、

「東京都千代田区霞ケ関1丁目2番地警視庁構内にある練馬500－あ1234号乗

用自動車等」

と記載する。

8　検証の目的

　検証の目的は、事案によって異なるのは当然であろう。前にも一言したが、およそ検証の目的には次のようなものがある。

　① その検証によってなんらかの証拠を引き出そうとするためのもの

　　　これには犯人が不明の場合、わかってはいるが未逮捕の場合、逮捕をしたが否認している場合等があるであろう。

　② すでに一定の事項が判明しているが、はたしてその事実が真実かどうか、検証の結果と符合するかどうかを確かめるためのもの

　　　これは、たとえば、犯人や参考人の供述はあるけれども、はたしてそれが現場その他の客観的事実と合致するかどうかを確認するような場合である。

　犯罪による被害の程度、性質、状態を検証する場合も、上記の①又は②のいずれかに含まれる。

　したがって、検証の目的は、検証の結果に密接な関係があるものである。しかし、調書上この目的の項には、何のためにこの検証を行うかを、抽象的にかつ簡明に記載すればよい。

　〔例〕　「犯行現場の状況特定並びに証拠保全のため」

　　　　「犯罪の場所時間及び犯行の手段方法を明確にするため」

　　　　「犯人の逃走経路を明らかにするため」

9　検証に立会った者の氏名

　検証には、立会人を必要とする場合（刑訴222条1項（☞8頁参照）、114条（☞24頁参照）、131条（☞45頁参照）、捜査規範143条（☞45頁参照）等）もあれば、なるべく立会わせた方がよい場合（刑訴規則101条（☞24頁参照）、規範158

条（☞24頁参照）、145条、146条等）もある。これらのほかに、後述の指示説明を求める必要から、事件関係者の立会を求める場合もある。立会人がある場合には、その立会人の氏名を記載しなければならない。これは、検証手続が公正に行われたことを明らかにする一資料でもある。

　立会人が官公職にある場合、たとえば、警察職員であるとか、地方公共団体の職員である場合には、その職名も記載しておく。また、私人である場合は、その住所・職業・年令も記載しておくべきであろう。さらに、その事件との関係、たとえば、被害者・被害発見者・犯行目撃者・検証をした住居の隣家の世帯主といったことも、立会人の肩書として記載しておくことは、調書を見る者にとって、理解するのに便利である。もっとも、性犯罪等においては、事件関係者の保護の観点から記載内容に配慮を要する場合もあろう。

　被疑者も必要な場合には、検証に立会わせるべきである（刑訴222条6項（☞8頁参照）、規範144条）。この場合には、被疑者の氏名も立会人として記載すべきはもちろんである。

　検証調書の公正を担保するために、立会人に署名認印を求めている事例があるが、検証の日時と、調書作成の日時が異なっているのに、立会人が調書に署名押印

【犯罪捜査規範】
（被疑者等の立会い）
第144条　捜索、差押え、記録命令付差押え又は検証を行うに当たつて捜査上特に必要があるときは、被疑者その他の関係者を立ち会わせるようにしなければならない。
2　前項の場合においては、常にこれらの者の言語および挙動に注意し、新たな捜査資料を入手することに努めなければならない。
（第三者の立会）
第145条　捜索を行うに当つては、公務所内または人の居住し、もしくは人の看守する邸宅、建造物もしくは船舶内以外の場所でこれを行う場合にも、なるべく第三者の立会を得て行うようにしなければならない。
2　前項の場合において、第三者の立会が得られないときは、他の警察官の立会を得て捜索を行うものとする。
（捜索の分担）
第146条　捜索を行うに当つては、捜査主任官またはこれに代るべき者は、捜索すべき場所その他について各人の分担を定め、綿密周到に行うようにしなければならない。

するのは、かえって不自然な場合が多いから、むしろ不必要というべきではあるまいか。

⑩ 検証に立会った事件関係者の指示説明

　検証にあたっては、被疑者はもちろん目撃者、被害者その他事件関係者に対して指示説明を求めることができるし（規範157条1項（☞35頁参照）、105条1項）、また、指示説明を受けた方が、確かにその当時の状況をより一層明確に認識できる場合が多いであろう。このことは、指示説明があったという点では形式的記載事項であるが、その内容は結局検証の内容をなすものであるし、証拠法上も多くの問題が含まれているから、項を改めて詳述する（後述本章「第4節　事件関係者の指示説明（☞86頁参照）」。

⑪ その他の記載事項

　検証調書には、検証の実施に関して行われた処分、又は、検証に際して行われた他の手続に関する事項をも記載する場合がある。その主なものを掲げると次のとおりである。

　　① 検証を中止した場合に、その場所を閉鎖し、または看守者を置いたこと
　　② 押収に関する事項
　　③ 妨害の排除に関する事項

　上記のうち、押収に関しては、押収をしたときには、別に差押調書又は領置調書を作成しなくてはならないが、検証調書にも、押収資料が存在した場所・状況等を

【犯罪捜査規範】
（実況見分調書記載上の注意）
第105条　実況見分調書は、客観的に記載するように努め、被疑者、被害者その他の関係者に対し説明を求めた場合においても、その指示説明の範囲をこえて記載することのないように注意しなければならない。
2　被疑者、被害者その他の関係者の指示説明の範囲をこえて、特にその供述を実況見分調書に記載する必要がある場合には、刑訴法第198条第3項　から第5項　までおよび同法第223条第2項　の規定によらなければならない。この場合において、被疑者の供述に関しては、あらかじめ、自己の意思に反して供述をする必要がない旨を告げ、かつ、その点を調書に明らかにしておかなければならない。

記載した上、

　「前記〇〇は、〇〇署司法警察員〇〇が、差押許可状により第〇号として差し押さえた。」

旨あるいは

　「前記〇〇は、立会人甲野花子から任意提出を受けて領置した。」

旨を記載しておき、差押調書や領置調書と関連させておくほうがよい。

第3節　検証の経過の記載（実質的記載事項）

1　総　説

　検証の経過（てんまつ、結果）の記載は、事案により、態様により、その目的によって自ら異ならざるをえないが、要は、実際に見分、認識したところを、ありのままに記載すればそれでよい。

　通常、検証の経過として、調書に記載する順序を大きく分けると、次のとおりである。これを項目別に記載しておくと、読むのにわかり易い。

　　(1)　現場の位置
　　(2)　現場並びにその付近
　　(3)　現場の模様
　　(4)　被害状況（例えば、「死体の状況」など）
　　(5)　証拠物件・その他
　　(6)　事件関係者の指示説明
　　(7)　図画、写真（添付）

　これは記載の順序であり、検証自体の順序とは必ずしも一致しないであろうし、一致させる必要もない。調書の記載が、検証と同じ様な順序で行われることも多いであろうが、それだからといって、検証に際しての第一歩から書きはじめ、観察の

順序に従って記載して行くと、かえって前後・全体の関係が不明確になることもあるから、注意を要する。

　勿論、検証の現場は各種各様であるから、その調書の作成は、必ずしも一定の型にとらわれる必要はない。要するに、現物の状況を最もよく、最もわかり易く表現し得るよう、工夫すべきである。

　上記にあげた各項目について、さらにその内での記載順序を考えてみると、一般に文章を書く場合、多くの事項を記載するには、まず総括的なことを記載し、次に各論的に個々に記して行くというのが例である。手近なところでは、本書もこの例に従って書かれているのである。すなわち、

　　① 　全体から、部分へ
　　② 　一般から、個々へ
　　③ 　常態（通常の状態）から、変態（異常変化の状態）へ
　　④ 　同種（同一種類、性質）から、異種（異種類、異性質）へ

という順序で、秩序よく記載すべきである。

　以下、前述の項目順に説明するが、前頁(6)の「**事件関係者の指示説明**」と、(7)の「**図面、写真**」とは、いろいろの問題もあるので、項を改めて説明する（本章「**第5節 検証者の意見判断**（☞89頁）」乃至「**第6節 図面**（☞92頁）」参照）。

② 　現場の位置

　「**現場の位置**」は、前述本章第2節の「⑦ **検証の場所又は物**（☞71頁参照）」に述べた「**検証の場所**」にあたるわけであるが、「**検証の場所**」が、単に抽象的にその存在箇所を示しているに過ぎないのに反して、この「**現場の位置**」の記載は、検証の場所が如何なる位置関係に立つか、地理的状況はどうなっているかを、具体的に説明するものである。

　位置を示すには、行政区別による町名番地のみでは不十分の場合が多い。これに

はまず一定不動の「**基点**」を2か所以上定めて、これから各々何程の距離にあるかを明示して、その位置を明確に特定すべきである（第1章第5節の6（☞33頁）参照）。たとえば、

　　「○○神社鳥居より東方200メートル、○○テレビ塔から西南方350メートルの地点にある家屋」

というように記載するとよい。

　この「**基点**」は、永久不動のものであることは必要としないが、変動する物ではいけない。「6畳間の西隅の火鉢の下端から1メートル」とか、「洋間中央の敷布団から20センチメートル」といった表示では、後でこの火鉢や布団が動かされると、問題の1点の特定ができなくなってしまう。

　「**距離**」、「**方角**」の記載は、原則として尺度計（巻尺）と磁石で実際に測定して得たところによるべきである。このような場合に「右方」「左方」「やや」「約」「上方」といった抽象的、不正確な表現は、できるだけ避けなければならない。ただ、大掴みでよい場合、概括的に一応場所を特定させるだけでよい場合には

　　「目測約300メートル」

　　「約45度の傾斜」

あるいは

　　「約15キログラム」

といった表現でもさしっかえない。

　なお、「**数量**」を記載するには、原則として法定計量単位（メートル法）によるべきで、他の単位の混用は避けるべきである。

　なお、この「**現場の位置**」は、さらに見取図によって表示すると、より一層明確になる。

3　現場並びにその付近

現場の位置が確定できたら、次にその現場を中心として、その周辺の地理的状況を明らかにする。これには、

　　　東方は……メートルで……に接し

　　　南方は……河を隔てて……に続き

　　　西方は……メートルで……に対し

　　　北方は……直接……に面す

といったように、方角によって順次に明示する方法がよく行われている。

しかし、これは事案の内容だけでなく、検証の目的如何で異なるものであるから一概にはいえない。巨大ビル内の一室で行われた殺人事件につき、犯人検挙後その自供を確認する目的で同室を検証した場合において、現場周辺の各室の内部まで詳細に記述する必要はないが、他方、犯人不明の殺人現場における検証では、犯人の侵入路、逃走路等を特定する必要があるので、現場周辺の状況を相当詳細に記載しておく必要があるであろう。次に「**現場の位置**」、「**現場並びにその付近**」を記述した事例を示す。

【記載例１】

これは屋内の殺人事件の記載例である。

《現場の位置並びにその付近の状況》

(1)　被害者甲野一郎方は、東京都千代田区○○町１丁目１番１号にあり、その位置は同区○○町２丁目２番２号所在のＡ交差点と同区○○町３丁目３番３号所在のＢ交差点を結ぶ幅員約５メートルの平坦な道路の南側に接し、前記Ａ交差点の西方約350メートル、前記Ｂ交差点の東方約300メートルの地点である。

(2)　同家の東方には、高さ約1.8メートルの塀を隔てて、乙山二郎方の平家建住宅１棟がある。

(3) 西方は空地であり、約100メートル隔てて、Ｃ電機株式会社の平家建事務所1棟がある。

(4) 南方は、高さ約3.5メートルの板塀を隔てて、丙川三郎方の平家建住宅1棟がある。

【記載例2】

これは屋外（路上）の傷害事件の例である。

《現場の位置並びにその付近の状況》

(1) 本件の検証現場は、東京都板橋区〇〇町221番地先のＡ交差点（東西に通じる国道〇〇号線（通称川越街道）と南北に通じる都道〇号線との交差点）の北方出入口付近路上から、その北方約80メートルに位置する同区〇〇町332番地甲田歯科医院前に至るまでの間の道路（以下、「本件道路」という。）である。本件道路は、前記医院の北方約500メートルで国道〇号線と交差している。

(2) 川越街道と交差する前記Ａ交差点を北進して本件道路に入ると、両側に人家が立ち並ぶ。本件道路は幅員6メートルでアスファルト舗装されており、道の両側には幅約30センチメートルの側溝がある。本件道路を北に約80メートル進むと、前記医院が右（東）側にあり、左（西）側には〇〇方平家建住居があり、同家玄関前路上に街灯が立てられている（見取図第1参照）（以下略）

路上の現場においては、この例のように、川越街道から北に向かう道路を進みながら、道路の状況やその両側の家の状況等を説明していく方法がある。この方法によると、その位置関係が明らかになる場合が多い。

なお、方向を表わすのに右、左、前、後という言葉を用いると、何を基点に右左と言うのかわからなくなる場合が多いから、なるべく方位で表現したほうがよい。

4 現場の模様

「現場の模様」は、次に述べる「5 被害状況（☞82頁参照）」とともに検証の中心をなすものである。検証現場の模様は、検証者がその現場で見た時の状況をそのままに記載しなくてはならない。検証をする前にすでに現場の模様が変更されている場合、これを復旧して見分するようなことをしてはならない。こういった場合は、後述「**第4節 事件関係者の指示説明**（☞86頁参照）」で説明するように現場変更の前の状況を知っている者を立会人として、現場について指示説明させて、これを記載すべきである。

前項「3 現場並びにその付近（☞78頁参照）」とこの「**現場の模様**」とは、明らかに区別して書き難い場合もある。前項が現場を中心として、その周辺との関連状況を明瞭にするのに対して、本項は現場だけに限定して、犯罪による被害の有無、証拠関係等を中心に記載するものである。したがって、この部分の表現は、特に克明にする必要がある。それには前に述べた「**全体から部分へ**」「**一般から個々へ**」「**常態から変態へ**」「**同種から異種へ**」の原則（☞77頁参照）に従って記載すると、読む人が理解しやすい。室内等の現場では、常に一定の基点を定め、それから順次右回りあるいは左回りに見分した状況を記載し、次に、天井、床に至るようにし、場所と物との検証では、まず場所、次いで物といった順に区別して記載し、さらにこの両者の関連を記載していくのが通常のやり方である。

かつて、ある殺人事件で、数か月後に犯人が逮捕され、犯人が「台所から上がろうとした際、小さいガラスびんのようなものが足にふれ、2、3本転ったように思う」と自供しているので、当時の検証調書を調べたところ、その「現場の模様」中に台所から室内に上る板縁の下に空の牛乳瓶が4本あり、うち2本は倒れている旨の記載があり、その場の現場写真でも、下隅に僅かにその牛乳瓶の一端が写っていたため、その犯人の自供について心証を得た事例がある。これなども事件全体から

見ると、一見不必要なことと思われるような箇所であり、通常の検証では看過してしまうようなところを、当時の検証をした捜査官が、詳細に記録にとどめておいたため、立証の完璧を期し得たものである。このように、犯行後日時を経過してしまうと、犯行当時の現場の模様を立証し得る資料は、検証調書以外にないのである。

「**現場の模様**」は、なるべく詳細緻密に記載すべきは以上に述べたとおりであるが、現場で、目に映り、耳に入り、手に触れた一切の事実を細大もらさず記載するのかというと、それには自ら限度がある。罪種、検証の目的、捜査の進展状況等に応じ、適当に取捨選択して記載しなければならない。ことに犯罪となんら関係のない部分まで詳細に書くことは、調書がいたずらに冗漫に流れ、作成にも、読むのにも時間を浪費するだけである。しかし、前に述べた例でもわかるように、少しでも犯罪に関係ありと考えられる部分は、できる限り詳細に記述しておくべきである。

「**現場の模様**」を見たまま克明に記載することは、以上述べたとおりではあるが、実際には文章では表現し得ないような場合も少なくないであろう。このような時には、極力図面や写真を活用して、これを補っていくと、文章で言い尽くせないようなところまで、容易に表現できるものである。

5 被害状況

これも検証調書の中心点である。この「**被害状況**」の項もできるだけ具体的に、かつ、詳細に記載しておかねばならない。罪種、検証の目的といったように、事案を異にするにしたがって、当然その記載の仕方は違ってくることは、前と同じである。たとえば、殺人事件であれば、「**被害の状況**」というのは、被害者の死体の状況である。この場合には、倒れている被害者の位置、姿勢、着衣の乱れ方、手足の位置、傷害の部位、形状等を詳細に記載しておくべきであるし、放火現場であれば、焼損、燻焦の場所、その程度、炭化の度合といったものを明らかにしなければならない。また、屋内窃盗であれば、室内物色の状況を中心にして、どこが乱れて

おり、その乱れ方はどうかといった点、あるいは侵入経路、逃走経路等を明確にしていく必要があるであろう。

「被害状況」は、前記の「**4現場の模様**（☞81頁参照）」の一部、それも現場の中心となる一部分である。したがって、これを記載するにあたっては、当然「**現場の模様**」の記載と関連させていかねばならない。通常は、「**現場の模様**」として、その現場全体の観察を述べ、被害状況にも一言しておき、さらに「**被害状況**」として、これを詳述するやり方がとられている。また、見取図、写真、特に写真は十分に活用し、後日に詳細な記録をとどめるようにしておくべきであろう。

つぎにある殺人事件の被害状況の記載例を示す。

【記載例】

(1) 被害の現場は、前記同家奥8畳間であり、同室の中央部に東西に敷かれた敷布団上に被害者甲山花子が東方に頭部を向け、足を西方に伸ばし両手をほぼ水平に両脇に伸ばし、仰向けに倒れている。同人の上には、黒色地に細白色のはいった掛布団が頭部の東方約30センチメートル位を覆うようにして掛けてあったが、その状況は添付の見取図第4及び写真No.8ないし10のとおりである。前記掛布団の南西隅（被害者の右足方の隅）が、ほとんど正三角形（一辺の長さ約20センチメートル）にまくられ、その部分は、白色人絹の裏地が出ていた。被害者の左右の上肢は、手首から先を布団の外側に出し、下肢は股と膝の中間から先が布団の外（西）側に出ていた。

(2) 前記掛布団を取り除き、調べてみると

ア 被害死体は、敷布団の中央部に、着衣のまま仰向けに倒れており、頭頂と敷布団の東端とには約10センチメートルの距離がある。顔面を軽く左に捻じまげ、髪はウェーブし、尖端を内側に巻き込んだ様にして、やや乱れていた。

イ　着衣は白地に草の葉様の模様のある木綿浴衣で、桃色の腰紐をし、胸はややはだけて、左乳房が見えるようになっており、両上肢は袖口から肘関節より先を出し、裾は大腿部辺りまでまくれて、西方に開いており、下肢は大腿部から足首まで露出し、両足は15度くらいに開き、左右ともほぼ直線に伸ばされてる。股間に白色のパンテイ様のものが丸めて押し込まれている。その状況は添付の見取図第5ないし第7及び写真№11ないし20のとおりである。

　　ウ　死体頸部には、青地に白の水玉模様のネクタイが巻きつけられており、前頸部の部分が縄状によじれている。巻きつけられたネクタイの両端は、被害者の左右に垂れているが、結び目はない。ネクタイの巻きつけられている状況は、添付の見取図第8及び写真№21ないし25のとおりである。

　以下この調書は、

　　⑶　死体上部の状況
　　⑷　死体下部の状況
　　⑸　着衣の状況
　　⑹　死体を移動した後の敷布団の状況

と続くが、ここでは、この程度引用するにとどめよう。要するに、上記のように全体から部分にと順次に記載して行くと、読む人にわかりやすいものになる。

　殺人等の場合、死体がそのまま現場にあれば、検証は被害のままを見ることができるが、殺人でも、病院に搬入されてから死亡したようなときには、現場の状況は変っているわけであるし、傷害、強姦、強盗といった事案では、検証当時の被害現場の状況が、被害当時のそれと変わってきている可能性がある。このような場合には、まず検証当時の模様を記載して、さらに、被害者その他事件関係人から被害当

時の状況に関する指示説明を受け、これを記載しておくのがよい。立会人の指示説明については、後述する（後記本章第4節（☞86頁）」参照）。

6 証拠物件その他

　検証現場で証拠物件を発見したときは、まずその物の存在場所、位置、状態等を検証調書に明記しておかねばならない。これを押収するのはもちろんであるが、これには別に、捜索差押調書、差押調書、あるいは領置調書を作成すべきである。

　また、血痕、指紋、足跡その他証拠となるようなものを発見したときは、その場所、位置、形状等を検証調書に詳述し、更に指紋の検出、血痕、足跡の採取といった鑑識手続をとった事実をも付記しておく必要がある。このほか、証拠物件の項に押収した物を記載するのは前にも述べたとおりである（本章第2節の「11 その他の記載事項」☞75頁参照）。

【記載例1】

　　　現場8畳間北側押入れの前に、押入れより約10センチメートル隔て血痕の付着した日本刀1振が置かれていた。日本刀は鞘はなく、東西に、押入れと平行してあり、切尖が西方に向いていた。その状況は添付見取図第3及び写真№3のとおりである。この日本刀は、○○裁判所裁判官○○○発付にかかる平成○○年○月○日付け差押許可状によって、これを差し押えた。

【記載例2】

　　敷布団のうち

　⑴　死体の口唇部に当たる箇所が、直径3センチメートルくらいにわたって血液のため濡れているのが認められ（添付の写真№19参照）

　⑵　死体股下に当たる箇所が、直径2センチメートルくらいにわたって濡れ、体液様のものが付着しているのが認められたので（別紙写真№20参照）

　これら両液を脱脂綿で拭き、それぞれ鑑定資料として採取した。

第4節　事件関係者の指示説明

1　指示説明の性質

　検証にあたって、被害者、目撃者、その他当該事件に関係のある者を立ち会わせて、指示・説明を受ける必要があることは、よく経験するところである。この点については、すでに第1章第5節の「④立会人の指示説明（☞31頁参照）」、本章第2節の「⑩検証に立会った事件関係者の指示説明（☞75頁参照）」、第3節の「④現場の模様（☞81頁参照）」又は同節の「⑤被害状況（☞82頁参照）」でも触れてきたのであるが、犯罪当時から相当日数が経過したような場合はもちろん、犯行直後であっても、現場が多少でも変更されている場合、たとえば、発見者が入口を破壊して入ったとか、被害者を押入れから出して人工呼吸をしたといった時には、現場は犯行当時と大分異なってくるし、その他の場合でも、犯行と現場との結びつきを知るためには、どうしても関係者の指示を求め、説明を聞かなくてはならない場合が少なくない。たとえば、

　　「犯人が押し入ったのはこの窓からです」
とか

　　「被害者が最初倒れていたのはこの路地の入口です」
というように、関係者の話によって、初めて検証者は、その指示の箇所と犯罪との関連を知り、同所の観察をするわけである。したがって、この「**指示説明**」は、検証の焦点を定め、検証をより明確にするための手段となるものである。検証物を特定し、検証対象を明確にするための「**指示説明**」は、検証の実施のために必要欠くべからざるものであるから、当然調書にも記載されなければならない。

　しかしながら、記載すべき「**指示説明**」は、検証の対象をなしている場所及び物等に直接関係を有する事項についてであって、余事に及んではならない。

2 指示説明の証拠能力

　「立会人の指示説明」は、それが純粋に検証の対象を確定する必要からなされる現場指示であれば、検証の結果そのものとして検証調書に記載することが許され、立会人の署名押印を要せず、当該検証調書は刑訴321条3項（☞53頁参照）によって証拠能力を認められる（実況見分調書に関する最判昭36・5・26）。

　しかし、検証調書に記載された立会人の説明が前記の現場指示を超えたもの、すなわち、現場供述である場合には、この部分については、供述録取書の性格を持つため、検証調書としての証拠能力を認められない。

　犯罪捜査規範は、

　　「被疑者、被害者その他の関係者に対し説明を求めた場合においても、その指示説明の範囲をこえて記載することのないよう注意しなければならない」

　　（規範157条1項（☞35頁参照）、105条1項（☞75頁参照））

とし、もし、前記の「指示説明」の範囲をこえて、特にその供述を検証調書に記載する必要があるときには、供述調書の作成に関する刑訴法の規定によらなければならないとしている（規範157条1項、105条2項）。

　しかしながら、本来対象物件を客観的に観察した結果を正確に記載すべき検証調書中に、証拠能力が異なる供述調書を同居させること自体好ましくないというべきであるから、検証調書に現場供述を記載することは避け、現場供述を録取する必要があれば、検証調書とは別に供述調書（被疑者、参考人）を作成すべきである。実務上も、そのような供述を求める必要のある者については別途供述調書を録取するのが普通であるから、検証調書に現場供述を盛る必要性のある場合はほとんどないであろう。

3 指示説明の具体的な程度（限界）

　いったい「検証対象を明確にするため必要な程度」とは、具体的にどの程度のも

のと解すべきであろうか。

　たとえば、失火事件の検証に当たって、立会人が発火点と認められるような地点で鉄製の器物を示して

　　　「ここが風呂場で、これが焚口の釜である」

と説明したとすれば、この「指示説明」は発火点の確認、焼損の状況を明らかにするという検証事項に直接関連するものであろう。そうしてこの「指示説明」によって、検証者が鉄製器物の存在する状況と、それが風呂場の釜の焼けたものであることを認識する。それが、検証の結果となる。このような「指示説明」は当然、検証調書に記載しておくことが許される。ところが、この立会人がさらに進んで

　　　「以前ここには、総ひのきの3階建の家が建っていたが、焼けてしまった。」

という指示説明をしたとする。これは検証事項となんら直接の関連のない事実の供述で、結局立会人の経験に基づく供述と言わざるを得ないであろう。

　また、傷害事件の検証調書で、被害者である立会人Bが、

　　　「私がAに殴られたのは、この石のあるところです」

と言って、その地点を指示した旨の記載は「指示説明」として許されるが、

　　　「私が散歩から帰って、自宅の門前に立っていると、私を殴ったAがやって
　　　　来て、ここで私にぶつかり、『この野郎』と言いざま私を殴りました」

旨の記載では、「散歩から云々」とか、「私を殴ったA」とか、Aの文句「この野郎」といったことは、検証とはなんら関係のないことで、現場指示の範囲を超えている。

　具体的には、

　　　「立会人Bは、
　　　　殴られたときに私がいた地点はここで、Aがいたのはこの地点でした。
　　　と指示したので、Bのいた地点を㈎点、その時にAのいた地点を㈑点とし

これを検したところ、㋐点は道路北側前述第100号電柱から東方2.8メートル、北側の前記凸凹薬局入口東端から南方1.3メートルの地点であり、㋑点は前記㋐点の南方0.8メートルの地点であった。
さらに立会人Bは

　　私が㋐点で殴られた後転倒したのは、この地点でした。

と指示説明したので、その指示によりBの倒れた地点を㋒点として測ってみると、

　　㋒点は、前記㋐点の西方3.1メートルの地点である。」

と記載すれば、検証実施の状況もうかがわれるし、立会人の指示説明に余分の供述的内容を含ませることも避けられるであろう。

第5節　検証者の意見判断

「検証」は、客観的状態の認識であり、「検証調書」は、この認識された客観的状態の表現である。したがって、検証をする捜査官の単なる主観的意見や判断は記載しない方がよいことはいうまでもない。しかしながら、対象を客観的に認識する上において、その物の観察に基づくある程度の判断が加わることは、けだし当然といえよう。たとえば、火災現場の検証において、焼損の状況を詳細に記述した上

　　「当時の火力は、独立燃焼を継続し得る程度に達したものと認められる。」

と記載したり、窃盗の現場検証において、犯人が侵入したと思われる窓の状況について検証して、手型、足跡等の存在を詳しく説明した上

　　「犯人はこの窓を外側よりはずして、ここから侵入したものと認められる。」

といった判断を記載している場合がある。これらは検証をした者の単なる主観的意見ではなく、事実の状態を明確ならしめるために、検証をした者の認識を記載したものと考える。すなわち、現実に観察した客観的状況を資料として、正しい経験則、因果

則に基づき、論理的に推理される範囲の意見判断を挿入することは、差し支えないといわざるを得ない（昭7・4・18大判、昭29・10・28東京高裁、昭25・3・27福岡高裁）。ところが、実例をみると、こういった範囲をこえた意見判断が書き記されているものが相当多い。たとえば、ある殺人事件の検証調書に

> 「以上の状況を総合すると、犯人は付近の不良2名であって、被害者の就寝時をねらって玄関から侵入し、1人が見張りをし、1人が首を絞めたもの……と思料される」

といった記載があった。実は、この事件は検証時に既に容疑者2名が検挙され、詳細に自供していたのであるが、検証調書を書いた人は、この犯人の自供が先入観として頭にあったため、このような記載をしたのである。しかし、本件の検証調書をし細に読んでも、犯人が「付近の不良2名」かどうか、「就寝時をねらって玄関から侵入した」かどうか、「1人が見張りをして、1人が首を絞めた」ものかどうか、少しも推理できないもので、ただ、検証者が勝手に想像しているに過ぎないとしか思われない。こういった検証者の飛躍的判断を記載することは到底許されない。

また、こういう実例もある。

> 「現場の机の上には、飲みかけのコーヒー茶わんがあり、灰皿には2、3本のたばこの吸いがらがあるところからみて、犯人は被害者に面識のある者と認められる。」

検証者は捜査のベテランであることが多い。こういったベテランは、その長い捜査経験に基づくいわゆる貴重な「勘」をもっている。こうした「勘」によって、現場から「これは流しだ」「土地鑑がある」「面が通ったホシだ」といった結論を出して、その方面の捜査に当ることはもちろん大切なことである。しかし、この「勘」は、普通人では判断できないもので、そのようなことによって得た結論は、これを調書に記載しても、読む者には到底納得できない。この例でも、たとえ実際がそうであっても

「飲みかけの茶わん」と「たばこの吸いがら」の二つの資料から、直ちに犯人が面識のある者だという結論は出ないはずである。次にある殺人事件の被害者である女性死体の検証に

> 「両足を拡げ、スカートが腹部まで捲られて、陰部が露出しており、外陰部周辺に精液が付着しているところからみて、強姦されたものと認められる。」

との記載があった。なるほど女性死体の裾が乱れて、性器が出ていれば、誰しも一応は強姦の疑いを持つであろう。しかし、まずこの記載では、外陰部に付着している液が、鑑定の結果も待たずに「精液」だと、どうして断定できるのであろう。せいぜい言えることは、

> 「体液様のものが付着しており、この臭いを検したところ精液臭がした」

程度であろう。また、これが精液だったとしても「性交渉」があったことまでは考えられるが、それが強姦と判断するのは、早計である。実際に、この事件は捜査の結果単なる殺人事件で、強姦事件ではなかった。すなわち、犯人は殺害後好奇心からパンテイを脱がして下半身を裸にしたことまでは自供したが、性関係のあったことは認めず、鑑定の結果もこの付着精液の血液型はO、犯人はA型で、結局、被害者が殺される直前にO型の恋人と密会していたことが判明したのである。

このように、検証調書に検証実施者の恣意的意見を記載したため、思わぬ失敗を招く実例は少なくない。殊にこうした意見判断を混えていたため、公判廷で弁護人からその部分の削除を求められたり、この部分を削除してみると何が書いてあるのか少しもわからないものになったりした実例も少なくない。こうなると、検証調書の信憑性はもちろん、調書全体の役割を無にする結果になってしまう。

検証者の意見判断の記載は、実験に伴う、対象の具体的な客観的状況から、合理的、論理的に推理し得る範囲のものであればよい。とはいうものの、実例を通じてみ

ると、とかくこの範囲を逸脱しがちである。むしろ、こうした意見判断は、できるだけ調書の記載から避けた方が無難である。本項冒頭に引用した火災現場の例でも、わざわざ「独立燃焼を継続し得る程度に達したものと認める」と書かなくても、焼損の状況を、観察見分したまま詳細、克明に記録すれば、読む者は、誰しもそれによって、独立燃焼の域に達する火力であったとの判断を下すであろうし、屋内強盗の事例でも、その窓について、ここから侵入したと思われる資料、痕跡をありのまま記載することによって、作成者の考えているのと同一意見を読者に抱かせることが可能であろう。

第6節 図 面（見取図の作成）

1 総 説

検証調書作成にあたって、図面の活用が必要なことは、前にも述べたとおりである。調書上、文章では簡単に表現し得ない位置関係等も、見取図によって容易に説明できるし、読む者も見取図を見ることによって、その理解を早めることができるであろう。それゆえ、犯罪捜査規範においても、できる限り、図面を添付するよう命じている（規範157条1項（☞35頁参照）、104条3項（☞35頁参照））。

「図面」は、検証調書の一部である。調書の本文の記載を明確にするための補充的なものというより、むしろ、写真とともに、本文の記述に代わって検証の結果を表示する、調書そのものということができるであろう。

したがって、図面は

(1) 必ず実地踏査の上確実に作成記載することを要する。実際に見分もしないところを、推測であるいは伝聞によって記入作成することは、絶対に避けなければならない。

(2) その内容は、検証の結果をその重要度に応じ、詳細、正確、かつ、明瞭

に表示することを要する。そのためには、図面に装飾や景物をつけるべきでない。見た眼に綺麗であることも必要でない。見る人に正確に理解されるものでなくてはならない。

　図面についても「全体から部分へ（☞77頁参照）」の原則はあてはまる。すなわち、屋内強盗事件を例にとると、通常
　　㋐　付近一帯の全図（例えば、当該警察署管内全図に、現場の位置を示したもの）
　　㋑　現場付近一帯の縮図
　　㋒　当該家屋その他の配置および間取り等の図面
　　㋓　犯行現場の見取図
　　㋔　その他必要な一部を拡大した図面
というように作成すればよい。検証調書の本文と対比すれば、㋐が「**現場の位置**」であり、㋑および㋒が「**現場並びにその付近**」、㋓が「**現場の模様**」、そして㋔が「**被害状況**」と「**証拠物件その他**」に該当するわけである。必要によって、図面は、平面図だけではなく、立体図、断面図等も作成すべきである。

　図面は、各図に番号をつけ、その内容を略記した標題をつけておく。たとえば
　　第２見取図　　犯罪現場全図
　　第３見取図　　死体の位置
といったようにする。図面が数葉にわたった時はもちろんであるが、１枚の用紙に数個の図面を記載したときも、この例による。こうしてこの番号と標題を適宜調書本文に引用して、説明していくべきであろう。

　また、図面は、調書に添付してその一部とするものであるから、調書作成者が、調書と図面を契印し、図面の文字を「**加除訂正**」するときには、本文と同様に調書作成者が加除訂正の認印をし、用紙上方に訂正加除の字数を記載する必要がある。

図面自体に作成年月日の記載や作成者の署名押印は必要でない。ただ検証補助者が図面の実際の作成に当ったときには、責任の所在を明らかにする意味で、図面の一隅に署名押印しておいてもよい。

図面を調書に添付するのには、

 (ｱ) 調書用紙に直接記載する方法

 (ｲ) 調書末尾に直接綴込む方法

 (ｳ) 調書末尾に綴込んだ袋に収納する方法

の３つがある。通常は(ｲ)の「**綴込式**」と(ｳ)の「**袋入式**」が多い。そのいずれによるかは、具体的な事情によって決めるべきである。「**袋入式**」は、用紙の大きさに制限がなく、大きなものが書け、随時取り出せる便利があるが、反面紛失の危険が多い。「**綴込式**」は、紛失の危険は少ないが、大きさは自ら制限され、綴目、折目等が破損するおそれが少なくない。「袋入式」によるときは、調書と袋とを契印し、袋に見取図番号を記載して、その箇所で袋と該当図面とを契印しておけばよい。

2 用紙、用具

図面は、その内容にしたがい、誰が見ても見やすいように作成しなければならない。図面を別紙にする場合には、用紙は長期の使用、保存にたえ得るよう、良質のものを使用する。上訴審等で検証調書の主要部分であるこの図面が破損している例も多いから、注意を要する。

作成用具も、正規の製図用具を揃えることが望ましい。しかし、それだけの用意がなくても、コンパス、定規等によって正確に作図すべきである。

3 作成要領

1 見取図を作成するには、まず下図を作って準備する必要がある。それには検証現場では「**見取図元図**」を作成しておくのがよい（第１章第５節の「**3見取図の作成**」☞30頁参照）。そしてこの「**元図**」によって、誤記、不足または不要部

分について検討し、拡大図その他必要に応じて別紙に作成して、すべての見取図についての下図を準備するのがよい。そのためには現場における「元図」を正確に作成する必要がある。元図が不正確であると、これを補正するのはきわめて困難である。

2　見取図は、補正した元図を下図として、それから必要部分を製図用紙に写し取って作成する。図の配置には、見やすいようにくふうしなければならない。

　見取図は、多くの場合平面図であるが、高さ、深さ、傾斜等を表わすときに断面図を、立体的状況を明らかにする必要があるときは、立体図を作成する。もっとも、立体図は写真を活用した方がわかりよい場合が多い。拡大図は以上の各図の一部を詳細に図示する必要があるときに用いる。

　平面図、断面図は実際の大きさに比例し、縮尺によって作ることが必要である。おうおう8畳間が6畳間より狭いといった、実際に適合しない見取図に接するが、これでは事実をそのまま表わしていないことになる。またよく方角がいろいろになっている見取図もあるが、図は北を上にして記載するのが原則であるから、特別の事情がない限りはこれを変更すべきではない。変更するときは図中に方位を示しておくことが不可欠である。

3　平面図に地形、地上物等を表示するには、できるだけ国土地理院で地形図等に用いている記号を用いることが望ましい。この記号は、国土地理院発行の5万分の1の地形図にでている。建築物等を表示するには、一般に用いられている製図記号を用いるのが、便利である。

　しかし、これらの記号、符号は相当詳しいものであり、これによるのが煩雑なときは、適宜に取捨選択して用いることもやむを得ないであろう。こんな場合には、必要に応じて図中で説明するのがよい。

　また、人の行動を示すときは、点線で示すが、この点線が何本にもなるとき

は、混同しないように注意すべきである。

　見取図は、原則として、黒または青色インクで記載すればよいが、場合によっては赤インクで記入するとわかりよいことがある。

4　図面の利用法

1　「現場の位置」と見取図

　現場の位置は、具体的にその地理的状況を明らかにするものであるから、それだけに図面の必要性がでてくる。

　次に、ある屋内強盗事件の実例を示そう。

【実例１】

　　現場の位置

　　　被害者甲方は、東京都○○区○○町１丁目２番地にあり、その位置は都バス通りＡ交差点とその西方都バス通りＢ町停留所とのほぼ中間を南北に走る幅員約１０メートルの平坦な道路の西側、都バス通りより南に約２００メートルの地点より西に入る幅５メートルの路地の南側、前記入口より約２０メートルの地点に建てられている（見取図(1)参照）。

　この記載は、確かに正確なものであったが、筆者には見取図を見るまで、一体それがどんなところにあるのか理解できなかった。これは次のように記載した方がわかりよいであろう。

【実例２】

　　現場の位置

　　　被害者甲方は、東京都○○区○○町１丁目２番地にあり、見取図(1)の×印の箇所である。その位置は、見取図(2)に示すとおりで、都バス通りＡ交差点とＢ町停留所のほぼ中間を南北に走る幅員約１０メートルの道路を見取図(2)の(ア)点から西に入る幅５メートルの路地の南側、同図の(イ)

点に建てられている。

　この記載例では、【実例１】の見取図(1)に相当するものが、見取図(2)であって、別に所轄警察署管内全図を見取図(1)として添付する。この例でもわかるように、見取図内に記号を利用することによって「何処から何の地点を西に入る」とか、「……に向かって右折する」といった煩わしい記載を省略することができる。また、距離等も図面上に何メートルと実測距離を記入することによって、ある程度本文の記述を略することができ、その上わかりやすくなるであろう。

　なお、こういった場合に備えて、あらかじめ当該警察署の管内全図（管内が広いときには、適宜二分ないし六分したものの各葉）を、Ａ－４判の紙に印刷しておくと便利である。そして必要に応じてこれに印をつけ、現場の位置をあらわす見取図(1)として利用するのである。

2　「現場付近の模様」と見取図

　現場付近の模様をあらわすのに、普通

　　　　東方は……メートルで……に接し

　　　　西方は……メートルの板塀を隔てて……に接し南方は……メートルで……に対し

　　　　北方は直接……に続く

といった、方角を示す記載方法を採っていることは前述したが、しかし、このように東西南北がはっきりしているのは、むしろ稀なことで、通常は、隣が西とも南ともつかなかったり、東方には建物が密集していて、文章では簡単に表現できない場合が多い。このような場合こそ、見取図を活用すべきである。一例を示せば

　　　　「現場付近の状況は、見取図(3)に示すとおり

東方はＡ方住居

　　　西南方はＢ方およびＣ工場敷地

　　　南方一部は空地

　　　北方はＤ会社および道路

　　に接しており、その距離等は、見取図(3)のとおりである。」

というように記載しておけばよい。

　時に、屋外の犯行現場等の場合には、現場周辺の描写が困難な事例が少なくないが、これも見取図や後述の写真を利用して説明すると案外簡単に済む例が多い。

3　「現場の模様」と見取図

　「現場の模様」は、検証調書のうちでも中心をなすものであるから、とくに克明に記載することを要する。しかし、如何に詳細、緻密に記述すべきであるといっても、現場で眼にうつり、耳に入り、手に触れた一切の事象をすべて記載するということは、実際上不可能であるばかりでなく、かえって調書が冗漫に流れ、中心がぼけ、また、作成するにも、読むにもいたずらに時間を浪費するだけである。

　したがって、この場合には、できるだけ図面と写真を活用し、図面や写真で説明できるところは、極力これらに譲り、本文の記載は、そこで何か常態と違った特異な事柄、あるいは何らか犯罪と関係があると考えられる事柄について、詳細に記述することにすると、わかりよい。

　たとえば、屋内の検証の場合、その家屋の形状、間取り等については、
　　「甲野太郎方は、玄関２畳、茶の間４畳半、座敷６畳、３畳、８畳の３室、その他台所、浴室、便所、物置等に分かれ、その方位、間取りなどは、別紙見取図(4)に示すとおりである。」

というように、詳細を見取図に譲る方が、かえって理解されてよいであろう。

4　その他

「被害の状況」や「証拠物件その他」の記載についても、見取図の利用は、写真の利用ほどではないが、それでも、見取図を利用することによって調書本文の記載を簡明にすることができる場合が少なくない。たとえば、火災現場での「焼損部分」や「くん焼部分」をあらわすのには、見取図を利用すると表現しやすいであろう。このように、その他の記述にも、極力図面を利用することが望ましい。

第7節　写　真

1　総　説

検証調書には、写真を添付することが多い。犯罪現場を正確に記録し、保存するには、正確な点で写真に勝るものはない。文章で表現しようとすれば非常に長文となる場合や、描写の困難な場合でも、写真によれば、きわめて簡単に、しかも正確にその状況を写し出すことができるものである。たとえば、殺人現場の死体の苦悶の様子とか、窃盗現場の金品物色後の物の散乱状況等、文章では到底あらわすことのできない現場の状態も、写真ならば容易にこれを見る人に了解させてしまう。また、今日では写真は全てカラー写真であり、これにより殺人現場の血痕が飛散している光景等について一層迫真性が出て、見る人にその実景を伝えることができる。このような理由から、現在では、写真を利用しない現場記録はほとんどないといってもよいくらいに、写真は利用されている。しかも、検証には、写真は今後ますます活用されていくであろう（規範157条1項、104条3項（☞35頁参照））。

検証調書に添付された写真は、前項で述べた図面と同様に、検証調書本文の補充的なものではなく、本文の記述にかわって検証の結果を表示するものであり、検証

調書の一部をなすものである。

2 写真の撮り方

写真も図面と同様、「**全体から部分へ**（☞77頁参照）」の原則に従い、

　　(ア)　全景の写真

　　(イ)　現場外周あるいは現場周辺の写真

　　(ウ)　犯行現場の写真

　　(エ)　被害者等の写真

　　(オ)　遺留品、凶器、足跡等の写真

等について撮影を行うべきである。

(ア)の全景写真は、撮影不可能の場合も少なくないが、可能な限度で撮っておくべきであろう。

写真は、常に物体の一面のみしか写し出せないから、その場所、物等の全貌を写すにはその前後左右を数枚の写真に撮らねばならない。この場合は、互に共通する特徴のあるものを画面に入れて、その間の関連を明瞭にしなければならない。また、写真は、遠近、焦点その他の制約から、必ずしも要求するところを1枚に写し撮ることができるわけではない。この場合には、数枚に分けなければならない。このときは、画面の3分の1位が重複するように撮って、これらの間の関連を示すのがよい。

写真は、場合によっては、それだけでは物の大小、遠近、広狭が明瞭でないことがある。こんな場合には、比較対照するために画面に人を入れたり。物差（スケール）を挿入したりするのがよい。

写真は、その撮る位置方向によって、表現するところに差異を生ずるものである。したがって写真はその1枚1枚について、撮影場所、方向を明らかにしておいた方がよい。この場合、見取図に撮った場所を表わしておくとわかりよいであろ

う。見取図に←①、←②といった記号をつけ、記号の箇所で矢印の方向に向かって、円内の番号に一致する番号の写真を撮ったことを明らかにするのも、一方法であろう。

　傷害の部位、遺留品その他の証拠物件、指紋、足跡等の痕跡を撮影する場合には、対象を明瞭にするために、その対象の周囲を白墨で囲ったり、白紐や白布で囲って、画面にはっきりさせることも時により必要であろうし、犯罪現場が変更された場合に、原状に合うように代替物を置いて撮ることもある。例えば、殺人現場で、死体はすでに運び去って、現場にないような場合に、死体のあった位置を白布で示して、これを画面に入れるやり方である。

　写真は、撮影はもちろん、その現像も慎重に行われなくてはならない。犯罪現場の大部分は、撮り直しができないものばかりである。一度失敗すれば、それだけで検証調書の一部がなくなったことになるのである。したがって、撮影はできるだけ多く撮っておくとか、重要と思われるところは複数撮っておくといった用意も必要である（第1章第5節「⑦写真」（☞34頁参照））。

　写真撮影は、原則として検証時に行うべきである。理論上は必ずしも検証時に撮影する要はないと思うが、検証時以外に撮影した写真は、とかく、公判等で争いを生ずることが多いから、なるべく避けるべきであろう。もし、やむを得ない事情から検証時以外に撮影した場合は、その撮影年月日時を明らかにしておかなければならない。夜間検証の現場写真に昼間でなければ撮れないような写真があったとしたら、それだけで信用性がなくなってしまうであろう。

3　写真の整理
(1)　写真を調書に添付する方法には、図面の場合と同様（☞94頁参照）
　　　(ア)　直接調書用紙に貼付する方法
　　　(イ)　写真を台紙に貼付して、調書末尾に綴り込む方法

(ウ)　写真を台紙に貼付し、調書末尾に綴り込んだ袋に収納する方法

の3つがある。その利害得失も、図面の場合と同じである。台紙に貼付する場合、1台紙1枚でもよいし、1台紙数枚でもよい。台紙に貼付しない方法もあるが、後述の番号、標題を記載したり、若干の説明を加える必要上やはり、台紙があった方がよい。

　台紙に貼る写真自体の大きさは、検証事項によって異なるし、特別の制限はない。必要に応じて使い分ければよい。ただし、一調書に添付する写真は、なるべく大小を混用せず、一定の大きさにしたほうがわかりよい。台紙の大きさについても制限はないが、調書用紙大の大きさが一番便利であろう。

(2)　台紙には、写真の番号および標題をつけることは、見取図と同様である。ただ、写真の場合には、できるだけその説明を注記しておくほうがよい。注記は、その写真が何処（撮影場所）から、どの方向のどういうところを写したということと、画面にあらわれているものの説明をしておく。画面の説明には、説明を記した半透明紙を写真に重ねたり、必要に応じて画面自体に記号をつけ、その記号について説明し、あるいは画面から棒線で引き出して説明を記載してもよい。

(3)　写真は、検証調書の一部であるから、調書作成者が契印する。これには、写真と台紙を契印し、ついで台紙と調書とを契印する。袋に収納するときは、図面と同じやり方で、袋と調書、袋と台紙を契印する。

　写真は、図面と異なり、調書作成者、すなわち、検証をした人と写真の撮影をした人とが違う場合が多いであろう。したがって、検証調書中の適当な場所（立会人の項の次とか、末尾等がよい）に、添付写真の撮影者の氏名を記載しておく必要がある。台紙に貼付した写真を調書に添付する場合に、写真を一括して表紙をつけ、その表紙にこの写真はいつどこで、何の検証の際に誰（検証

者）の命令で、何の現場を撮ったものであるかを記載し、撮影者が署名押印する場合もある。この場合は、写真と台紙の契印、表紙と台紙間の契印は、撮影者が認印し、調書作成者は、調書と表紙を契印すればよい。

　昭和31年11月22日国家公安委員会規則第3号として「現場写真の作成及び現場写真記録の取扱に関する規則」があるが、これによると、警視庁や都道府県本部等の鑑識課が臨場した事件について、現場写真記録を作成することになっている。この現場写真記録はそれだけでは検証調書と関連がないが、こういうさいは、そのほとんどが検証の時であり、現場写真記録も、上記の要領でその表紙と調書とを契印すれば、検証時の写真として調書の一部にすることができる。

　デジタル写真の電子データ（フラッシュメモリーなど）、フィルム写真の原板（ネガフィルムなど）は、常に一定の場所に整理保存しておくことを要する。調書に添付した写真が滅失した場合に、これを貼り替えることは許されないが、電子データや原板が存在すれば、撮影者が公判廷で証人として証言することによって、滅失写真の内容を証明することが可能である（第1章第5節「7 写真」の注（☞34頁）参照）。

4　写真の利用法

　写真の重要性については、誰もよく知っているところであり、現在写真を利用していない検証調書、実況見分調書は、ほとんどないといってもよいくらいである。しかしながら、その実状は、必ずしも満足すべきではなく、折角写真を添付していながら、ただ漫然と添付してあるだけのものが少なくない。すなわち、調書には少しも写真の引用はなく、調書は調書、写真は写真といったような実例があるのである。これでは、いったい何のために写真を撮ったのかわからなくなってしまう。

　「現場の位置」とか、「現場付近の模様」といった項では、見取図を利用することは多くても、写真を利用する余地はあまりないであろう。それでも、写真を利用し

て、付近の状況を現実に示した方がよい場合がある。

「現場の模様」とか、「被害の状況」といった事項については、写真を利用することによって、調書の記載をできるだけ、簡単かつ明瞭にすることができるのである。すなわち、検証（見分）の順序に従って、順次写真を撮って行き、調書は、この写真を参照しつつ、これに説明を加えて行けばよいし、それで十分であろう。場合によっては、手当り次第、乱写といってもよいくらいに現場で写真を撮り、出来上ったものを適当に取捨選択して、これに基づいて調書本文を記載するといったやり方もある。次に実例を示そう、

【実例】

(2) 現場の模様

現場は、6畳間で、その位置関係、内部の状況は別紙見取図4に示すとおりである。すなわち、北側には写真①のように床の間および押入れがあり、南側には廊下および便所がある。東側は、写真②のとおりで、畳から約30センチメートルの高さのところに、幅約2メートル、高さ約1.7メートルの格子窓がある。窓の外側には木の格子が取りつけてあり（写真③参照）、さらに、雨戸が閉められており、その内側にはガラス戸が2枚閉められ、錠が施してあった。窓の外側は、約1メートルの路地を隔て、隣家B方の台所に対している（見取図3参照）。

床の間の前には、写真①に示すように衝立が立ててあり、男物ジャケット、女物カーディガン、女物防寒コートがかけてある。その南側は、写真③のとおりで、約1.2メートル四方の花林のテーブルを立てかけ、さらに南側壁に接して桐のたんす1棹がある。この引き出しは全部閉ざされており、外面から金品物色の模様は見られない。たんすの上には裁縫箱がのせてあり、さらにその上方に天袋がある（写真④参照）。その右

側の戸は写真に見られるように約４センチメートル開いている。天袋の中には古雑誌が雑然と入れてあった。

　部屋の西側は、高さ約１メートルの本箱とその南側にこれと並んでテーブルクロスをかけた机がある（写真⑤参照）。この本箱の南端で机と接する部分を頭にして、畳上に一見２２、３歳の女性死体が仰向けに倒れている。その状況は、写真⑥、⑦、⑧のとおりである。

　立会人甲は、「この女は自分の妻乙である」
と説明した。

　前記の本箱の上には、写真⑨にあるように蛍光灯スタンド、本、鏡等があり、机の上には、写真⑩のとおり、雑誌（文芸春秋８月号）、インク瓶、ノート等があった。机の下に、衣裳箱（写真⑪参照）があり、中には男物スーツが１着入れてある。

　　…………　　　　　　　　中略

⑶　被害の状況

　ア　被害者

　　㈦　被害者は、成年の婦人で、顔をやや机の足方に向けて仰臥し、両手をやや開き、右脚を外側に曲げ、両脚とも太股まであらわし、裾を乱している。詳細は写真⑥ないし⑧に示すとおりである。

　　㈦　着衣は白地に草の葉の模様のある木綿長袖ブラウス、緑色スカートで、写真⑬のとおり胸はややはだけて左乳房が見えるようになっており、両上肢は袖口より肘関節から先を出し、両脚は約２０度に開いている。右脚を右方に拡げ、膝部で僅かに曲げており、左足はほぼ真直ぐに伸ばしている（写真⑭参照）。裾をまくると写真⑮の示すように外陰部が直接あらわれるようになっている。

(ウ)　死体頸部には、荷作り用ビニール紐が緊く巻きつけられており、右耳下で結ばれている。その状況は写真⑯および⑰の示すとおりであって、背部には縄状によじれている箇所がある。試みに一指をそのビニール紐と頸部との間に差し入れようとしたが、相当緊く、指を入れることができなかった。紐の両端は、被害者の右側に当る部分は結び目から約３０センチメートルあり、右肩から背に入り込み左側の部分は約５０センチメートルあり、写真⑱のとおり死体の胸部に至っている。

　　　　　　　　後略

　以上この記述は、(エ)死体上部、(オ)死体下部、(カ)死体背部、(キ)着衣、(ク)着衣を脱がした後の状況と続くがこの程度でとめておこう。

　写真を実際に示すことができないので、多少わかりにくいとは思うが、この記載例にして写真の引用がなかったら、どのような記述になるか想像して頂きたい。

　その他の場合においても、写真をできる限り活用し、それによって、調書の記載を簡略にするとともに、読むものに、わかりやすくすることが望ましい。

第８節　検証調書と他の調書との差違

　検証調書は、検証の結果を記載したもので、他の調書と同じく、犯罪証明の資料とすることを目的とした捜査書類である。したがって、その内容は、直接間接に犯罪事実に関係のある事項であることは、もとより当然であるが、「**供述調書**」や「**捜索差押調書**」とは、多少性格を異にするところがある。検証調書が、法律上の証拠能力において、他の調書等と異なることは、すでに述べたところであるが（本章第１節の「**6検証調書の証拠力**」☞62頁参照）、ここではその内容的な異同について考えて行きたい。

1 供述調書との差異

(1) 「**供述調書**」は、被疑者、参考人の供述を録取した調書である。したがって、その供述者が直接経験した事項を録取するのが目的であり、犯罪事実に積極的にあてはまる部分を中心とし、これと関係のない事柄は、問題のない限り録取しないのが通例である。たとえば、放火を自供した被疑者の調書であれば、「自分はA地点で新聞紙にマッチで点火して、放火した」旨を記録してあっても、それ以上に「B地点で放火したのではない」とか、「新聞紙以外に石油等を使って放火したのではない」といった消極的な面の供述記載まで付加されていることはほとんどないであろう。また、強盗の侵入を目撃した証人の調書でも「犯人が西側の窓から家の中に入るのを見た」旨の供述はあっても、「犯人は東側の入口、北側の便所の窓、南側の縁側から侵入するのは見なかった」ということを供述させて記載することは、ほとんどないといってもよい。通常供述者はこういった消極面のことまで供述することはないであろう。

しかし、捜査においては、必ず上記の供述の裏付として、A地点の焼損の状況、放火手段に使用した物件等を調べる一方、他に発火点となったようなところはないか、他に点火に使用されたような物は残っていないかを調べてみるであろうし、西側の窓の周辺に侵入口と認められる痕跡、たとえば、足跡、指紋等を捜査するほかに、他の侵入口になりうるようなところに、何か痕跡がないかどうかまで捜査するのが当然であろう。捜査はこのように、**積極**、**消極**の両面から進めるのでなければ十分とは言い得ない。

検証の際にも、必ず上記に述べた**積極**、**消極**両面からの見分をし、その結果を調書にしておかねばならない。ここに「**検証調書**」と「**供述調書**」との内容的な差が生じてくるのである。犯罪の痕跡を発見した場合、その見分結果を記述するのはもちろんであるが、そればかりでなく、さらにその他のところに

も、同じような痕跡が存在しているかどうかということまで見分すべきであるし、したがってその結果も調書に記載しておくくらいの慎重さがなくてはならない。

前述の放火の例でいえば、台所外側の破目板のあった付近焼跡に燃え残りの新聞紙等を発見し、一応これが放火地点と判断される場合であっても、他に焼跡に同じような状態が発見し得るかどうか。またさらに、通常発火のおそれのあるコンロ・ストーブ・電灯の引込線等について、発火の痕跡を認め得たかどうか、その見分結果を、調書上明らかにしておくべきである。

こうすることによって、関係者の供述の変化にあらかじめ備える一方、偽装現場等にまどわされないよう細心の注意を払い、検証に万全を期さねばならない。

おうおう、「他に出火地点なし」といった簡単な記載を見うけるが、これでは後で失火、自然発火等が問題になってきたとき、事案を混乱させるだけである。

(2) 次に検証調書中の立会人の「**指示説明の記載**」と「**供述調書**」の問題である。立会人の指示説明が、実質的には供述であることは前に述べた（本章第4節の「1指示説明の性質」☞86頁参照）。しかし、それが検証事項をより明確ならしめる手段としてなされている限り、検証調書の一部として、検証調書の証拠能力中に含まれる。したがって、指示説明であって、この程度、範囲を超えたものを記載した検証調書は、その超えた部分は、本質は検証調書でなくて、供述調書である。こういった考え方から、前述指示説明の項では、範囲を超えた指示説明の記載は不可と述べたのである。

したがって、実際上、立会っている被疑者や被害者その他の参考人の指示説明のうちで、これは調書に残しておくべきだと考えられる供述があったときには、直ちにその場で、事案によっては、もう一度警察に来てもらって、改めて

供述調書を作成しておくべきである。

　たとえば、放火事件で、現場付近で事件発生直前、容疑者甲にあった参考人乙が、検証に立ち会い、甲にあった地点を指示した場合、検証調書には、立会人乙は「私はこの地点で甲に出会った」と指示したので、その地点を見分すると云々……と、その地点の場所的関係の検証結果を記載し、一方乙の供述調書には、乙がその地点で、甲にあった時間、その時の甲の服装、挙動、所持品、会話を交したときには、その内容等についての供述を記載をしておくべきである。

② 捜索差押調書との差違

　捜索をしたときには「**捜索調書**」を、差押をしたときには「**差押調書**」を作成しなければならないし、捜索と差押を同時に行ったときには、両調書を合併して、「**捜索差押調書**」を作成することができる。「**捜索差押調書**」は、捜索差押の手続が適正に行われたことを明らかにするために作成されるもので、捜索の経過と何を差し押えたか、差し押えた物件の名前が記載してあるものであるが、捜索の際、その物件がどんな状態になっていたか、差押物件の存在の状況はどんなであったかといったことは記載されていない。差押物件はその存在することそれ自体で証拠物となることはできるが、その物件が捜索差押の際、どんな状態にあったかを知るためには、やはり検証調書以外にはない。

　すなわち、「**捜索調書**」は、どこに何があったということ、「**差押調書**」は、どこで何を差し押えたかということ、いわば、・静・的・な・も・の・を・記・録・す・るにとどまるが、「**検証調書**」は検証手続の始めから終りまでの・動・的・状・態を明らかにするものである。しかも捜索差押の手続は、検証と同時に行われることが多い。この場合、検証調書を作成するに当っては、以上述べたところを念頭において、捜索差押の調書とは別に、差押物件の検証現場における状況、とくに差押前の状況について、検証調

書内で明らかにするよう心がけなければならない。

例えば、ある殺人事件で、凶器の出刃包丁を発見押収した事案について

「捜索差押調書」には

> 奥8畳間東寄りに総桐のたんす1棹があり、このたんすの下段、上から2番目の引出しを開いたところ、この引出し中に血痕のついた出刃包丁1振りを発見したので、これを差し押えた。

と記載しておけばよいが、その時の状況については、「検証調書」に

> 奥8畳間は東寄りに総桐のたんすが1棹置いてある以外に、なんらの備品もない。たんすの位置については第8見取図のとおりである。たんすは総桐で幅90センチメートル、高さ1.55メートル、奥行60センチメートルあり、上段下段に分かれ、上段は開き戸になっていて、中に引き出し5段、下段は引き出しが4個ある。検証の際は開き戸も、引出しもすべて閉ざされていた。その状況は別紙第9見取図および写真⑧のとおりである。検証に先立ち、立会人甲川太郎に金具部分について、指紋を検出させたところ、別紙第9号、写真⑩に示すように5個の指紋を検出し得たので、それぞれ鑑定資料とした。指紋の検出箇所については同写真参照
>
> 立会人乙野二郎巡査は「自分が最初この部屋に入ったときも、たんすの開き戸、引出しはすべて閉まっていた」と説明した。
>
> 次に、このたんすを検するに、開き戸、各引出し共に施錠はなく、これを開いてみると、最下段の引出しはほとんど空であるが、他の引出し（開き戸内も含む）には衣類、下着等が軽く一杯つめてあり、その入れ方は甚しく雑然として引きかき回した形跡がある。
>
> 下段上から2番目の引出しを開いたところ、下着類が雑然と入れてあり、中の1番上、引出しの右寄りに出刃包丁が1振りあった。その状況は別紙写

真⑪のとおりで、刃の部分に血液様のものが付着していた。

その下には下着類があるだけで、他にはなんらの物件も存在しなかった。この出刃包丁は、裁判官愛知耕太郎の発付した平成○○年○月○日付差押許可状によって、これを差し押えた。前記包丁以外に血痕の付着は認められなかった………

というように、その時の状況を記載しておくべきである。

第9節　身体検査調書

1　総　説

(1)　身体検査を実施したときには、「**身体検査調書**」を作成しなければならない（刑訴規則41条1項参照）。身体検査が検証の一つであることは、前にも述べたとおりである（第1章「**第6節　身体検査**」☞40頁参照）。したがって、「**身体検査調書**」は、検証調書の一種であり、その作成については、検証調書の作成について、本章第1節（☞55頁参照）ないし前節で説明したところが、そのままあてはまるわけである。

調書の記載事項として、特に留意しなければならないところは次のとおりである。

　　①　被疑者の氏名およびその事件の罪名

【刑事訴訟規則】
（検証、押収の調書）
第41条　検証又は差押状若しくは記録命令付差押状を発しないでする押収については、調書を作らなければならない。
2　検証調書には、次に掲げる事項を記載しなければならない。
　一　検証に立ち会つた者の氏名
　二　法第316条の39第1項に規定する措置を採つたこと並びに被害者参加人に付き添つた者の氏名及びその者と被害者参加人との関係
　三　法第316条の39第4項に規定する措置を採つたこと。
3　押収をしたときは、その品目を記載した目録を作り、これを調書に添附しなければならない。

② 身体検査をした捜査官の氏名

③ 令状によるときは、令状を示した旨および示した者、令状発付裁判官氏名、発付年月日

④ 令状によらないときは、逮捕の別

⑤ 身体検査をした年月日時

⑥ 身体検査をした場所

⑦ 相手方（被検者）の氏名、性別、年令（生年月日）、住所、職業

⑧ 立会人の住所、氏名、年令（生年月日）、職業

⑨ 令状による身体検査につき、裁判官が付した条件があるときは、その旨およびその条件を遵守したこと

⑩ 身体検査の目的

⑪ 検査すべき身体の部位

⑫ 身体検査の結果

なお、「**身体検査調書**」の様式は、司法警察職員捜査書類基本書式例第44号（甲）及び第45号（乙）で定められており、☞次頁以下のとおりである。

(2) **令状による身体検査の場合（甲）**、令状を示す相手方は、身体検査を受ける者である。被検者が未成年者や令状の趣旨を解し得ない者であるときは、親権者、法定代理人その他適当な付添人、立会人にも示しておく必要があるであろう。また、妻の身体を検査する場合、夫が同行していれば、その夫にも令状を示し、できれば立会人になってもらう方が適当な場合が多い。以上のような場合には、示された相手方として、被検者の他にこれらの者に示したことも付記しておくべきである。

(3) **令状によらない身体検査の場合（乙）**、身体検査をする相手方は、当該逮捕された被疑者に限られるであろう。被逮捕者の同行者について、その場で令状な

様式第44号（刑訴第218条,第222条）

身 体 検 査 調 書（甲）

　　　　　　　　　　　　　　　　　　　　　年　　月　　日
　　　　　　　警　察　署
　　　　　　　　司　法　　　　　　　　　　　　　㊞

被疑者　　　　　　　　　に対する　　　　　　　　被疑事件につき，本職は，　　年　　月　　日付け　　　　　裁判所　　　　裁判官の発した身体検査令状を下記被検査者に示して，下記のとおり身体検査をした。

　　　　　　　　　　　　　記

1　身体検査の日時
　　　　　年　　月　　日午　　時　　分から午　　時　　分まで

2　身体検査の場所

3　身体検査を受けた者（住居，職業，氏名，年齢，性別）

4　身体検査の立会人（住居，職業，氏名，年齢）

5　身体検査を必要とした理由

6　検査した身体の部位

7　身体検査の経過

（用紙　日本工業規格Ａ４）

様式第45号（刑訴第220条,第222条）

身　体　検　査　調　書　（乙）

　　　　　　　　　　　　　　　　　　　　年　　月　　日

　　　　　　　　警　察　署
　　　　　　　　司法　　　　　　　　　　　　　　　　㊞

被疑者　　　　　　　に対する　　　　　　　被疑事件につき，本職は，刑事訴訟法第　　　条の規定により被疑者を逮捕するに当たり，その現場において，下記のとおり身体検査をした。

　　　　　　　　　　　記

1　身体検査の日時
　　　　年　　月　　日午　　時　　分から午　　時　　分まで

2　身体検査の場所

3　身体検査を受けた者（住居，職業，氏名，年齢，性別）

4　身体検査の立会人（住居，職業，氏名，年齢）

5　身体検査を必要とした理由

6　検査した身体の部位

7　身体検査の経過

（用紙　日本工業規格Ａ４）

しに身体検査ができるかどうかは問題であるが、私は身体検査の性格からいって、その強制力のおよぶ範囲は、その逮捕された者に限られるべきだと考える。

(4) 身体検査調書には、被検者の氏名が必要なことはもちろんであるが、身体検査では、被検者が男性か、女性かによって取扱いに差があるから、性別を明確にした方がよい。また、人を特定する意味で調書上住所、職業、年令（生年月日）が必要であろう。また、立会人についても、女子の検査には、医師または成年婦女子の立会いが必要であるし、その他の場合でもなるべく立会人を置くことが望ましい。立会人は、要するに手続が適正に行われたことを担保する人であるから、調書にもその氏名ばかりでなく、住所、年令（生年月日）、職業も明らかにしておく必要があろう。

(5) 令状によらない身体検査において、これを検証と同時に行う場合には、別に身体検査調書を作成せず、検証調書に身体検査に関する事項もあわせて記載しておくことができる（規範157条2項（☞35頁参照））。

　身体検査の結果は、検証における検証の結果と同じである。

(6) また、被検者または立会人等から、身体検査に関して指示説明があったときには、その指示説明の範囲を超えない限度において（供述調書にならない限度で）、これを調書に記載することも検証と同じである。

2 調書作成上の注意

身体検査調書の作成に当って、注意すべき事項は、すでに検証調書について述べたところとまったく同一であるが、二、三付記しておこう。

(1) 身体検査調書にも、図面または写真を活用することが望ましいのは、検証と同じである。

　負傷者の身体検査に当って、その状況を写真に撮影することによって、明確

にその記録を残すことができる。しかも、そうすることによって短時間内に検査を終らせることができる（規範161条参照）。しかし、図面や写真を活用するに当っては、努めて被検者の名誉を傷つけないように注意をするべきである。とくに、被検者が婦女子の場合は、なおさらである。

(2)　身体検査の立会人については、すでに述べたところである（第1章第6節の「③身体検査の手続とそれに関する注意」☞45頁参照、刑訴222条1項（☞8頁参照）、131条（☞45頁参照）、規範143条4項（☞45頁参照））、女子はもちろん、男子の身体検査でも立会人は必要である（規範158条、145条（☞74頁参照））。令状による身体検査において、立会人が得られないようなことはあり得ないと思うが、令状によらない逮捕の現場で行う身体検査の場合には、やむを得ない理由で立会人を得ることができないこともありうるであろう。

立会人があるときは、その住所、氏名、年令を調書に記載することはすでに述べたが、今述べたように立会人が得られないで身体検査を行ったときには、その立会人が得られなかったやむを得ない理由を調書に記載して、これを明確にしておかなければならない。

【犯罪捜査規範】
（捜索に関する規定の準用等）
第158条　第145条（第三者の立会）、第147条（執行中の退去および出入禁止）、第147条の2（協力要請）、第148条（捜索中止の場合の処置）及び第149条（捜索調書）第1項の規定は検証を行う場合について、第149条（捜索調書）第2項の規定は検証調書の作成について、それぞれ準用する。この場合において、第149条第1項の規定中「捜索調書」とあるのは、「検証調書又は身体検査調書」と読み替えるものとする。
2　身体検査に際し、やむを得ない理由により立会人を得ることができなかつたときは、その事情を身体検査調書に明らかにしておかなければならない。
第159条　身体検査を行うに当たつては、刑訴法第218条第6項の規定により裁判官の付した条件を厳格に遵守するほか、性別、年齢、健康状態、場所的関係その他諸般の状況を考慮してこれを受ける者の名誉を害しないように注意し、かつ、穏当な方法で行わなければならない。
（負傷者の身体検査）
第161条　負傷者の負傷部位について身体検査を行うときは、その状況を撮影等により明確に記録する等の方法をとり、できる限り短時間のうちに終了するように努めなければならない。

第10節　実況見分調書

1　総説

(1)　「実況見分」は、任意捜査手続における検証である。したがって、「実況見分」は、居住者、管理者その他の権利者の承諾の下に、各関係者の立会を得て行い、その結果を実況見分調書に正確に記載しておかねばならない（規範104条2項）。

　「実況見分調書」は、権利者の任意の承諾に基づいて、犯罪に関係のある場所、身体または物の存在、状態について実際認識した結果を記載した書面で、その内容、形式において検証調書とほとんど変るところはない。したがって、今まで検証調書について述べてきたところは、そのまま実況見分調書についての説明となるのである。ただ、実況見分が、あくまでも任意の手続である関係から、検証調書について述べたうち、検証令状に関する事項、強制力行使に関する事項は、実況見分調書の説明から除かなければならない。そのかわり、実況見分調書には、それが任意で行われたものであることを、特に明確にしておく必要がある。

(2)　実務についてみると、実況見分調書は、検証調書に比べて、よくできていないものが多い。中には若干手を抜いたのではないかとさえ思われるものがあ

【犯罪捜査規範】
（実況見分）
第104条　犯罪の現場その他の場所、身体又は物について事実発見のため必要があるときは、実況見分を行わなければならない。
2　実況見分は、居住者、管理者その他関係者の立会を得て行い、その結果を実況見分調書に正確に記載しておかなければならない。
3　実況見分調書には、できる限り、図面及び写真を添付しなければならない。
4　前3項の規定により、実況見分調書を作成するに当たつては、写真をはり付けた部分にその説明を付記するなど、分かりやすい実況見分調書となるよう工夫しなければならない。

る。これは、実況見分が強制力を伴わないところから、つい簡易な手続と誤解して調書作成に当るのが原因となっているのではあるまいか。事実はむしろ逆であって、次の項で述べるように、実況見分調書は、検証調書に比べ、その効果において何ら変るところがないばかりでなく、それが任意手続であるだけ、後日その任意性を問題とされても、何ら慌てることのないよう、慎重、かつ、丁寧に作成しなければならない。

(3) 実況見分調書の様式は、一応次頁のように定められている（基本書式例第46号）。この場合も、書き切れないときには、別紙を利用すべきである。

2 実況見分調書の証拠能力

(1) 実況見分調書が、公判廷において如何なる証拠能力を持つかということは、従来から問題となっていた。すなわち、実況見分調書は、検証調書と同様に刑訴法321条3項（☞120頁参照）によって証拠能力を認めるべきだという説と、同条1項3号によるべきであるという説とに分かれていたのである。後者の321条1項3号によるというのは、参考人供述調書や被害届等と同じように、きわめて厳格な制限の下に公正の担保のあるものに限って、証拠能力を認めるもので、実際上は、被告人側の同意がなければ、ほとんど証拠として用いられない。

　しかしながら、実況見分は任意の検証であって、いずれも五官の作用によって事実を認識する行為である以上、それによって得られた客観的な事実は、その方法が任意的であったか、強制的であったかによって異なる筈はないし、したがってその証明力に差があるべき理由もないであろう。すなわち、手段が任意であったか、強制であったかによって、その結果を記載した書面の証拠能力に差をつける実質的な理由は何一つ存在しない。しかも、任意を原則とする捜査手続において、その原則に則って作成された書類が、例外である強制手段に

様式第46号（刑訴第197条）

実 況 見 分 調 書

　　　　　　　　　　　　　　　　　　　　　　　年　　月　　日

　　　　　　　　　　警察署

　　　　　　　　司法　　　　　　　　　　　　　　　　　㊞

被疑者　　　　　　　　　に対する　　　　　　被疑事件につき，本職は，下記のとおり実況見分をした。

　　　　　　　　　　　　記

1　実況見分の日時

　　　　年　　月　　日午　　時　　分から午　　時　　分まで

2　実況見分の場所，身体又は物

3　実況見分の目的

4　実況見分の立会人（住居，職業，氏名，年齢）

5　実況見分の経過

（用紙　日本工業規格Ａ4）

よって作成された書類よりも、証拠能力の点で制限されるということ自体、不合理といわざるを得ない。

(2) 以上によって明らかであるように、実況見分調書は、検証調書とまったく同一の証拠能力を持つものであるというべきである。すなわち、刑訴法321条3項の**「検証の結果を記載した書面」**の中には、実況見分調書も含まれ、その作成者が公判廷において、証人尋問を受け、それが真正に作成されたものであること、換言すれば、その手続が公正に行われ、その結果が誤りなく記載されているものであることを証言すれば、被告人側の異議の有無にかかわらず、証拠とすることができるのである。このことは、すでに昭和35・9・8、昭和36・5・26の最高裁判例、昭和25・3・27、及び同年11・28の福岡高裁の判決例が認めているところであり、昭和31・9・25の名古屋高裁の判決も

【刑事訴訟法】
第321条　被告人以外の者が作成した供述書又はその者の供述を録取した書面で供述者の署名若しくは押印のあるものは、次に掲げる場合に限り、これを証拠とすることができる。
　一　裁判官の面前（第157条の4第1項に規定する方法による場合を含む。）における供述を録取した書面については、その供述者が死亡、精神若しくは身体の故障、所在不明若しくは国外にいるため公判準備若しくは公判期日において供述することができないとき、又は供述者が公判準備若しくは公判期日において前の供述と異つた供述をしたとき。
　二　検察官の面前における供述を録取した書面については、その供述者が死亡、精神若しくは身体の故障、所在不明若しくは国外にいるため公判準備若しくは公判期日において供述することができないとき、又は公判準備若しくは公判期日において前の供述と相反するか若しくは実質的に異つた供述をしたとき。但し、公判準備又は公判期日における供述よりも前の供述を信用すべき特別の情況の存するときに限る。
　三　前2号に掲げる書面以外の書面については、供述者が死亡、精神若しくは身体の故障、所在不明又は国外にいるため公判準備又は公判期日において供述することができず、且つ、その供述が犯罪事実の存否の証明に欠くことができないものであるとき。但し、その供述が特に信用すべき情況の下にされたものであるときに限る。
② 被告人以外の者の公判準備若しくは公判期日における供述を録取した書面又は裁判所若しくは裁判官の検証の結果を記載した書面は、前項の規定にかかわらず、これを証拠とすることができる。
③ 検察官、検察事務官又は司法警察職員の検証の結果を記載した書面は、その供述者が公判期日において証人として尋問を受け、その真正に作成されたものであることを供述したときは、第1項の規定にかかわらず、これを証拠とすることができる。
④ 鑑定の経過及び結果を記載した書面で鑑定人の作成したものについても、前項と同様である。

「実況見分調書の作成者が、公判準備において検察官および被告人、弁護人立会の上、証人として尋問を受け、右調書が真正に作成されたものであることを供述し、且つ、その証人尋問調書が公判期日において適法に証拠調べを経たときは、右実況見分調書はこれを証拠とすることができる」

ものとしている（第1章第7節「⑤実況見分を行う場合」☞52頁参照）。

③ 調書作成上の注意

実況見分調書が実質的に検証調書と同じものである以上、身体検査調書と同じく、その作成に当っても、なんら検証調書と違うところはない。

ただ、前述のように、実況見分が任意の捜査手続である以上は、調書上においても、それが任意に行われたものであることを明確にしておく必要がある。

したがって、必ず関係権利者の承諾を得て行い、できればその関係人を立会人として、実況見分の実施に立ち会ってもらい、その旨を調書の上で明らかにしておく。すなわち、土地、家屋であれば、その居住者または管理者の承諾、立会を求め、物件であればその所有者、占有者等の承諾、立会を求め、これを調書上で明らかにしておかねばならない。身体の場合（ただし、女子の任意の身体検査は、規範107条で、原則として禁止されている）は、相手（被検者）の承諾があれば、その人の立会ということは考えられない。

こういった権限ある者の立会の他に、第三者の立会人を置いた方が、任意性の担保としてよい場合があるが、この時はこれらの立会人をも調書に明記しておかねばならない。公道等で実況見分を行う場合等でも、立会人をおいた方がよいと思う。

立会人の指示説明、見取図、写真等、いずれも検証調書の説明と同様である（規範104条2項（☞35頁参照）、105条（☞75頁参照））。ただし写真については、撮

【犯罪捜査規範】
（女子の任意の身体検査の禁止）
第107条　女子の任意の身体検査は、行つてはならない。ただし、裸にしないときはこの限りでない。

影に当って、関係者の承諾の必要のある場合があるから、その時は、このことを調書に記載しておく必要がある。

第2編　各　論

検証調書・実況見分調書記載例と解説

第1章　殺人事件検証調書

第2章　強盗事件実況見分調書

第3章　強盗致死事件検証調書

第4章　放火事件検証調書

第5章　失火事件実況見分調書

第6章　窃盗事件実況見分調書

第7章　特殊な検証調書・実況見分調書

第8章　簡易書式による実況見分調書の記載例

第1章　殺人事件検証調書

　第1編において検証実況見分等について、その調書の作成法を一通り述べてみたが、ただ、文章を読んだだけでは理解し難い点も多いと考えられるから、第2編ではその記載例を挙げてみたい。

　元来、検証等の内容は、千差万別であるから、検証等の結果を記載した検証調書、身体検査調書または実況見分調書について、その定型を示すことは、むしろ不可能であろう。以下に示す記載例は、実例から取材したものではあるが、必ずしも良くできた調書とは言い得ない。ただ一応の文例として、調書作成の要領をみてもらいたいだけである。

　これらは、いずれも実例によったものではあるが、人名、地名等は仮名であるし、記載内容にも多くの修正を加えてあるから、全部仮定のものと考えてみていただきたい。

第1節　殺人事件の検証調書の留意点

　殺人や傷害事件の検証調書には、これらの行為がどこで行われたかという場所的な関係を明らかにして、現場並にその付近の状況について検証した結果を調書上明確にしておく必要がある。そのためには、こういった行為を行った際の加害者、被

害者の位置を、両者の行動の順を追って記載していかなければならない。

また、現場に死体があった場合は、その死体について、傷痕その他を調書の上で明確にしていく必要がある。殊に、その死体が女性屍である場合には、姦淫の有無について、その状況を詳しく表現しておかなければならない。

死者の身許が不詳の場合には、調書上にも身許の確定に必要な特長を記載しておくべきである。もし、目撃者がいれば、その目撃した位置、そこから犯行現場までの距離、視野のおよぶ範囲なども調書上不可欠である。夜間事件であれば照明状況の記載も必要である。

また、凶器と思われるものが現場にあるときは、その存在した場所、状況等を詳細に記載しておくべきである。

第2節　記載例

この事例は

　　被疑者はブローカーをして金を貯め、被害者岡田花子を妾として、自宅の近くの納屋を改造した住居に住まわせていたが、その後10年余、金もなくなった上、妻からは離別を迫られ、被害者からは金を要求され、しかも花子には他に男もできたため、憤慨し、ある夜この納屋で花子（31歳）と口論の上、あり合わせの棒で頭を殴って殺害し、これを猫車で近くの大窪池に運んで、水中に棄てた

という事件であって、検証のさいは、既に被疑者は逮捕されていたのである。

様式第40号（刑訴第218条，第222条）

検　証　調　書　（甲）

平成〇〇年　4月24日

高知県岡田 警察署

司法警察員　警部補　甲野一夫　㊞

被疑者　富田吉也　に対する　　殺人　　被疑事件につき，本職は，平成〇〇年　4月23日付け 高知地方 裁判所　　裁判官　中垣忠 の発した検証許可状を　　岡田要 に示して，下記のとおり検証をした。

記

1　検証の日時
　　平成〇〇年　4月24日午後1時25分から午後4時50分まで
2　検証の場所又は物
　　第1現場　高知県〇〇郡岡田村大字岡田字西新田153番地所在の通称大窪池及びその付近
　　第2現場　同村大字岡田字西新田289番地富田吉也方納屋及びその付近
3　検証の目的
　　犯罪の場所，時間，方法及び被害の状況を認定し，証拠を保全するため
4　検証の立会人（住居，職業，氏名，年齢）
　（1）　〇〇郡岡田村大字丸沼2，015番地番地
　　　　　　　被害者実弟　農業　　岡田　要　　（27歳）
　（2）　高知県警岡田警察署勤務
　　　　　　　司法警察員巡査部長　乙田二郎　（31歳）
5　検証の経過
　（1）　現場の位置及びその付近の模様
　　　　ア
　　　　イ
　　　　ウ
　（2）　現場の模様
　　　　ア
　　　　イ
　　　　ウ
　（3）　被害（死体）の状況
　　　　ア
　　　　イ
　　　　ウ
　（4）　証拠物件
　（5）　気象状況

（注意）　やむを得ない理由により令状を示すことができなかったときは，その理由を付記すること。

（用紙　日本工業規格A4）

5 検証の経過
(1) 現場の位置及びその付近の模様
ア 第1現場の位置は高知県〇〇郡岡田村大字岡田字西新田所在の通称大窪池である。〇〇電鉄株式会社経営岡田線電車岡田駅の西側を南北に通ずる県道を北行し、岡田小学校よりさらに300メートル北進した箇所に、該道路より西方に通ずる幅約3メートルの道路がある。その道路を約200メートル西に進み、さらに同所から北方に通ずる幅約1.5メートルの小路を約200メートル北進すると、前記大窪池南端に達する。同池は南北約180メートル、中央部において狭くなっており、いわゆる瓢箪形をしている。南端より前記中央部まで約80メートル、中央部より北端まで約100メートルある。北部の池は最も広いところで東西約80メートル、南部の池で約55メートルある。池の周囲には幅約1.5メートルの小道が1周しており、その長さは延長おおよそ300メートルある。水深は池の中心部で北部池約2.3メートル、南部池2.8メートルである。中央部南部池と北部池の連結するところに、幅1メートル長さ約10.8メートルの石橋があり、この橋の中央部が第1現場である。水深は同所付近で約2.1メートルである。第1現場付近の状況は別紙第1見取図のとおりである。

イ 第2現場は、前記大窪池より西方約450メートルの麦畑の中にある同字289番地所在の被疑者富田吉也所有瓦葺建坪26.4平方メートルの平家建納屋およびその付近である。

同所は麦畑の中央にあるが、同所より約50メートル西北方に徳川秀吉方、約50メートル西北西に加藤正則方、約50メートル北北東に福島清正方、約150メートル東南東方に黒田義弘方、約200メートル

南南東方に豊臣家康方の各居宅があり，さらに約１１０メートル南西方に被疑者富田吉也方住居がある。その地理関係は別紙第３見取図のとおりで，それ以外はほとんど麦畑で人家を認めない。

ウ　現場付近一帯は緩やかな丘で囲まれた盆地帯であり，一面に田畑となり，民家が散在している。なお，前記大窪池は現場の石橋を境として，北半分は同郡法成寺村域内にあり，南半分が岡田村である。その他の西方は，丘状となり，段々畑を形成し，４，５軒の家がある。東側は同池より約２メートル低地となり，田畑になっている。

　同池南方より池に至る道路は，幅１．５メートルで，同池の南端から東岸に沿って，前記石橋に至り，石橋を渡って，同所西方約４５０メートルで第２現場である納屋に通じている。

　前記納屋より麦畑の畦道を北に約５０メートル行くと三差路がある。それから東方に約１００メートル行き，さらに南方に１００メートル，そこより再び東方に約４０メートル行くと竹藪のある人家あり，そこより再び南方に約１００メートル行った三差路から，東西に通ずる小路を東方に約２５０メートル進むと前記石橋に達することができる。これらの道は畦道で，幅約１．５メートルあり，この道に沿って，幅約１メートル深さ約１メートルの溝があり，少量の水が流れている。

(2)　現場の模様

ア　第１現場は，前記大窪池中央部に架橋してある通称石橋である（別紙写真№１及び№２参照）。この石橋は花崗岩で作られ，幅約１メートル，長さ約１０．８メートル，中央部およびその下方で，橋上より水面まで約１．５メートルある（別紙第２見取図参照）。橋の中心部北端より下方水面を望むと，女性の死体がむしろ包で頭部と足先を出し，俯向けに浮揚して

いるのが認められる。その状況は別紙写真No.3のとおりである。死体は足を東方に頭を西にし、やや橋と平行しており、足先で水面より約２０センチメートル程水中に沈んでいる。第１発見者である立会人岡田要は「発見当時もこのままの状況であった」と説明した。その状況は写真No.4のとおりである。橋上にはなんら証拠となるような物件は存在しなかった。また、付近水面にもなんらの証拠物となるようなものを認めない。

イ　第２現場は、建坪２６.４平方メートルの瓦葺平家建納屋で（別紙写真No.5～No.8参照）、納屋の入口は、その南側にあり、約２.７メートルの入口で、杉の戸２枚を入れており、検証当時は２枚とも東側にあって、入口は開いていた。入口の西側は９０センチメートルの破目板があり、西方はそれに連なって横９０センチ高さ１.５メートルの窓があり、それに合うガラス戸１枚が入れてあり、開閉はできない。窓下は９０センチメートルの腰板がある。窓より西方は１メートルの破目板である。

　納屋の東側、西側はいずれも３.６メートル、板囲いで窓はない。北側も６.３メートルの板になっており、窓はないが、北側は納屋に接して約９０センチメートルの板囲がしてあり、その上方には納屋の庇が覆っている。板囲は西方１.８メートルはこえだめ、東方４.５メートルは土間で、その西隅、こえだめの近くにいなわらが高さ約２メートル、幅約３メートルに積まれている。屋内は、東側を約１６.５平方メートルの土間とし、西側約９.９平方メートルを居間および押入れとし、西側９.９平方メートルのうち、４畳半は畳敷である。土間と４畳半との境界には何の仕切りもない（別紙第４見取図参照）。入口より屋内に入ると、土間は北側および東側は破目板であり、土間の西北隅に鍬１振りおよび鎌１丁が置いてあった（別紙写真No.9及びNo.１０参照）。土間の西方は４畳半間に接し、仕切

りはなく，土間より見とおせる状況である（別紙写真№11参照）。

　土間の入口より1歩内に入ると，そのすぐ西方に白墨で直径約1メートルの円が描かれている。立会人巡査部長乙田二郎は，

　　昨日被疑者富田を同行してきた際，同人が被害者岡田花子を殴って倒したのはここであると指示したので，自分が白墨でそれを囲ったものである。

と指示説明したので，検すると，前記の筒所は，土間の西南部で，入口西端の柱より北側1.2メートル，土間の西南隅の板より約4メートルの地点で，約半メートル平方にわたって，土間の土が黒く変色している（別紙写真№12参照）。この土を一部採取して鑑定資料とすることとした。内部より入口の杉戸を閉ざすと，その内側（西側）杉戸の内側，土間より約1メートル，杉戸西端より約10センチメートルのところに，手掌大の血痕様の「しみ」がある（別紙写真№13参照）。この「しみ」を脱脂綿を濡らして拭き，鑑定資料として採取した。

　居間は，土の上に板を敷き，その上に畳4畳半を敷きつめたもので，北側1.8メートルは押入れになっており，西側高さ1.8メートルのところに幅30センチ長さ1.8メートルの棚が吊ってある。その他4畳半間東北隅に土製の七輪が1個あるほか，畳の上には何物も存在していない。

　押入れを開いて検すると，内部は上下2段に分かれ，上段には布団4枚が整然と積み重ねられており，下段には衣装ケース1個，茶箱2個，みかん箱2個がこれも整然と並べてあった。衣装ケースおよび茶箱2個を開くと，内には女物衣類，下着類が整然と積み上げられており，最近手を触れたような様子はない。みかん箱の一つには白米3.5キログラムほど，他の一つにはサツマイモ約7.5キログラムが入れてある。西側の棚には，

右（北）側より，順に釜1個，アルミ製鍋2個，茶わん2個がのせてあるだけである（別紙写真No.14～No.18参照）。

同納屋外側西北隅に，猫車1台が置いてある。その車の前部に，銅貨大の血痕様の「しみ」大小7個存在する（その状況は別紙写真No.19及びNo.20の通りである）。前記の「しみ」も脱脂綿で拭きとり，鑑定資料として採取した。

(3) 被害（死体）の状況

ア 第1現場において，前記死体を引き揚げて検するに，中年の女性死体で，首の下から足の膝の部分までわら製むしろで巻き，頭部と足先がむしろから出ている。むしろの上を太さ1.5センチメートルくらいのわら縄2本で巻きつけ，その縄には細い銅線を巻きつけてあって，水によって縄が切れ，むしろが開くのを防止するようにしてある（別紙写真No.21及びNo.22参照）。

イ 前記のむしろを開いて，死体を検すると，黒色木綿袷をつけ，紺足袋をはき，腰に毛糸製の細帯をまき，その上に白のエプロンのようなものを着用している。着衣を順次脱がせてみると，袷の下には，白メリヤスの和装下着を着し，腰部に白綿ネルの腰巻を着し，パンテイは着用していない。

ウ 衣類を脱がして，死体を順次検すると

(ア) 死体はなかば腐敗しており，顔面並びに全身に紫色の班点および水泡があり，特に顔面額より右半面はいちぢるしく紫色を呈し，右眼は半開し，左眼は閉じ，大体原形を残している。口中をあけてみると舌尖が約1センチメートル位切断されており，歯と唇の間に舌尖と思われる肉片がある。

(イ)　後頭部に２個の創がある。大きい方の創で長さ約４．３センチメートル，小さい方で２．２センチメートルである。

　　(ウ)　顔部には，黒木綿製の細紐が１回強く巻きつけられており，顔部に強くくい込んでいる。結び方は「片ほどき」という結び方で，一方は長く一方は短く，その位置は後方「うなじ」のところである。

　　(エ)　その他死体の全身に異なったところは，見られない。

　　なお，死体の状況については，別紙写真№２１～№２８を参照されたい。

(4)　証拠物件

　　別紙，差押調書記載のとおり

(5)　気象状況

　　検証時は，おおむね快晴，北々西２メートル位の風があった。

本検証の結果を明確ならしめるため，現場見取図４葉及び岡田警察署勤務司法巡査島津重政の撮影した現場写真２８枚をそれぞれ本調書末尾に添付した。

134　第2編　各　論

第1見取図（第1、第2現場全図）

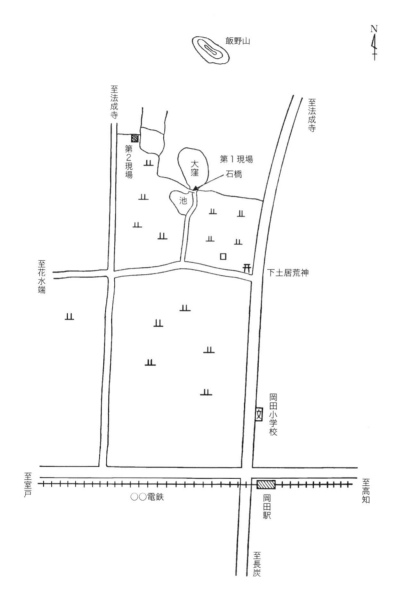

第２見取図（第１現場付近）

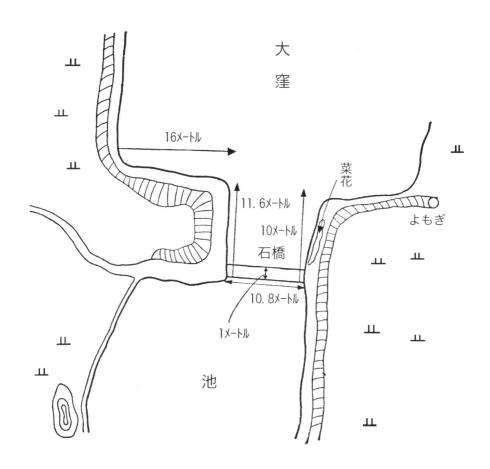

第3見取図（第2現場付近）

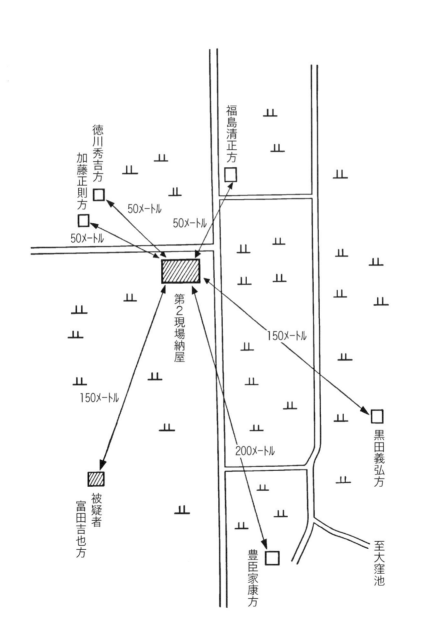

第4見取図(第2現場付近)

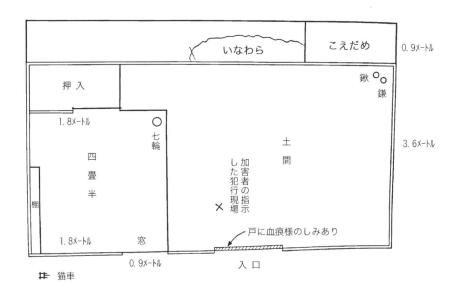

写真（省略）

- No.1　石橋を東方より望む
- No.2　石橋を西方より望む
- No.3　石橋上より死体浮揚状況
- No.4　納屋東側
- No.5　納屋南側
- No.6　納屋入口
- No.7　納屋西側
- No.8　納屋北側
- No.9　入口より土間を見る
- No.10　鍬、鎌の状況
- No.11　土間より4畳半を見る
- No.12　土間の白墨の印
- No.13　入口杉戸の血痕
- No.14　押入れ
- No.15　七輪
- No.16　棚
- No.17　押入れ内部
- No.18　棚の上
- No.19　猫車全景
- No.20　猫車の血痕
- No.21　死体むしろ包　表
- No.22　同上　　　裏
- No.23　死体全景　表（衣服のまま）
- No.24　死体裸全身　表
- No.25　同上　　　裏
- No.26　死体頸部
- No.27　死体口唇部
- No.28　死体後頭部

第3節　解　説

1　この記載例にあげた検証調書について検証の現場が第1、第2の2箇所に別れているが、犯行は第2現場で行われ、死体は450メートル程離れた第1現場に運ばれて、ここで水中に投ぜられた模様である。そうすれば、これを運搬した第1、第2の現場を結ぶ道路も、当然検証の対象とすべきであって、許可状請求のときにこの点にも留意し、第1、第2の現場を含めたものとして検証しておくほうがよかったのではないかと思われる。もし、このように第1現場、第2現場と区別して検証をするのであれば、むしろ第1現場と第2現場とを別にし、各個に検証令状を得て実施すべきであったと思われるし、また、第1現場のほうは実況見分でよかったであろう。

2　第2現場の屋内の状況、第1現場の死体の状況については、もう少し詳細に記載しておくべきであろう。実務では、この例よりも簡単なものが多いが、この検証ではこの点が眼目であるから、これに力をそそぐべきであるまいか（第1編第2章第3節「4現場の模様」☞81頁・「5被害状況」☞82頁参照）。

3　押収の関係も、現場についてもっと詳細に記述しておくべきである。特に何を押収したかは、検証調書上も明らかにしておいたほうがよい（第1編第2章第3節「6証拠物件その他」☞85頁参照）。

4　この記載例は、写真をわりあい活用しているけれども、その利用方法についてはさらに一考を要しよう。すなわち、引用の箇所をもう少し適切にするとこの写真の価値が一層増すのではないであろうか（第1編第2章「**第7節写真**」☞99頁参照）。

第2章　強盗事件実況見分調書

第1節　強盗事件の実況見分調書の留意点

　強盗事件の検証・実況見分をする場合、検証の目的は、各個の事件によって異なるものであり、したがって、検証の重点も異なるわけであるが、一般的にいえば、まず強盗の行われた場所の確定が大切である。そうしてそこが強盗ができるような場所であるかどうかということを明瞭にする必要がある。すなわち、現場及びその付近の状況をし細にみて、関係人の指示説明に基づいて、各地点の位置等を詳細に調書に記載する。現場が屋外であれば、人の通行の状況、付近に人家があるかどうか、あれば現場とどのくらい離れているか。屋内ならば、隣室、隣家の関係を調書上明らかにし、救いを求めれば、他に聞こえるようなところかどうかも、書類のうえで明確にしておくべきである。夜ならば、照明関係も明らかにしておく必要があろう。

　持凶器等の場合もだいたい同様であるし、また、金品物色の状況は、わかる範囲で詳細にしておくと、証拠保全となる。

第2節　記 載 例

　この事件は、
　　平成〇〇年11月26日夜7時頃、紡績工場の守衛が工場内を巡回中、工場東南隅で若い男からピストル様なものを突き付けられて、
　　　「金目のものを出せ」
　　と脅かされ、工場内をピストルを突き付けられたまま、ほぼ1周した上、犯人は目的を達しないで非常口から逃走した
という事件で、翌日所轄署で、現場の実況見分をしたのである。この時まで、犯人不明である。「**実況見分調書**（様式第46号)」は次頁**参照**。なお、見取図の注意書は筆者が付したものである。

様式第46号（刑訴第197条）

実 況 見 分 調 書

平成〇〇年11月27日

愛知県山田 警察署

司法警察員　巡査部長　大岡金四郎　㊞

被疑者　氏名不詳　に対する　強盗未遂　被疑事件につき，本職は，下記のとおり実況見分をした。

記

1　実況見分の日時
　　平成〇〇年 11月27 日午後1時 零分から午後4時25分まで

2　実況見分の場所，身体又は物
　　愛知県山田市船江町1，234番地番地　東陽紡績株式会社山田工場内

3　実況見分の目的
　　強盗未遂被疑事件の証拠を保全し，被疑者侵入逃走経路，被害状況を明らかにするため

4　実況見分の立会人（住居，職業，氏名，年齢）
　　東陽紡績株式会社山田工場内　被害者　守衛　家尾守　（29歳）

5　実況見分の経過
（1）　現場の位置

（2）　現場の模様

（3）　被害の状況

（4）　参考事項

（5）　証拠品

（6）　気象状況

（用紙　日本工業規格Ａ4）

5　実況見分の経過
　⑴　現場の位置
　　　現場は，山田市内吹上町から同市寺町に通ずる１０メートル道路の同市船江町地内の神社のところより入りたる①場所に設けられている東陽紡績山田工場内である（添付見取図１，２参照）。
　⑵　現場の模様
　　　被害現場である東陽紡績山田工場は，その周辺を高さ１メートル８５センチのコンクリート及び板塀をもって包囲②されていて，塀外部の南側は同工場の社宅に接し，東側は道路で，西北側③はいずれも畑に接している。
　　　工場内の設備については，添付見取図２のとおりである④。
　　　なお，外側の塀には非常口が適当な地点⑤に設けられていて，守衛詰所は表門と工場東側の北寄りに裏門の２箇所⑥が塀に沿って設けられている。

【注意】
☞①　「神社のところより入りたる」では位置の関係がわからない。西に入ったか東に入ったか，何メートル入ったかを明らかにすること。
☞②　板塀もコンクリート塀も高さは同じか，どこからどこまで「板」で，どこから「コンクリート」か。
☞③　実際には西側と北側が畑である。「西北側」と「西側及び北側」とは，意味が違う。
☞④　工場設備については，もう少し詳細に説明すべきである。ことに工場の面積もわからないと，その工場の規模の見当がつかない。
☞⑤　「適当な地点」ではわからない。数及び位置を明確に表わすべきである。
☞⑥　「表門と工場東側の北よりに裏門の２箇所」では文章の意味が通じない。「表門と工場の東側の北よりにある裏門との２箇所に設けられている」と直すべきである。

(3) 被害の状況

　強盗未遂事件であって，また屋外であるため，被害者家尾守の供述のみ⁽⁷⁾であるが，大要は次のとおりである。

　当時，家尾守は巡察のために，工場の表門守衛所を出て，添付見取図２のとおり⁽⁸⁾，工場の南の塀の内側を東に向かって歩き，女子寄宿舎につき当たり，更に塀に沿って南に折れ，さらに塀に沿って南に折れ，女子寄宿舎の南端を東に向かって進み，最も南側の女子寄宿舎の東側を北に向かって進み，終ったところの添付見取図２のア地点まで行ったさいに不審の男を発見したが⁽⁹⁾，その男は，その場より女子寄宿舎の一番南側の建物との間⁽¹⁰⁾の方に行き，その間に設けられた庭畑の中を通って，<u>女子寄宿舎の一番南側建物は，建築物が完了してないため，その板塀が設けられている（添付見取図３参照）が，</u>⁽¹¹⁾その板塀の間を通って再び寄宿舎の間に出て，女子寄宿舎の東側の工場の周辺の板塀との間を通って北の方に進行するので⁽¹²⁾，尾行したところが，添付見取図のイの地点にさしかかると，男は所持していた

【注意】

☞⑦　何が「供述のみか」わからない。

☞⑧　「添付見取図２のとおり……歩いた」といっても、見取図２には、どこを歩いたものやら、何の注意書もなく、ただ、点線があるだけである。

☞⑨　「終ったところ」が何が終ったか、わからない。不審な男のいた地点が特定されていない。

☞⑩　「１番南側の建物との間」といっても、何と「この建物」との間か不明である。

☞⑪　傍線箇所は筆者が傍線を引いたのであるが、この部分は、何をいおうとしているのか、ぜんぜんわからない。

☞⑫　これも⑩と同じく、何と「板塀」との間か不明である。

棍棒をその場にすて，拳銃を突きつけて脅迫し，家尾守の後に回ったもので，添付見取図４の場所である。

　その後，被害者家尾守の後方より，その男は拳銃をつきつけたまま，添付見取図２の工場内赤字の点線箇所を通行して，新築工場西側と工場の外側のコンクリート塀の間を経て，旧工場と新工場の間の外側の塀の間に，添付見取図５のその１のトタン板張りの外側の塀に寄った一番低い箇所を乗り越えたのが見取図２のウ地点である。

　その後，更に見取図２の赤点線を経て，工場外に逃亡したものであるが，その間に見取図２のエ地点の工場非常口を内部から被害者に開けさせ，逃亡したが，大根畑であったため，逃亡するのを見合わせ，再び工場内に入りたるも，大根畑には，見取図５のその２のような足跡を残していた。

　その後，見取図２のオ地点より，再び外部に逃亡せんとして，被害者に非常口を開けさせて，工場外に出て西南方に逃亡したもので，この際，被害者は急いで救いを表門守衛所に求めるため走った結果，添付見取図６の所持していた電池と非常口の施錠をその場に落としてきたものである。

【注意】
- ☞⑬　突如として「棍棒」が出てきたが，これでは説明が不十分である。
- ☞⑭　誰を「脅迫」したのか？
- ☞⑮　傍線部分も何だか少しもわからない。作成者のひとり合点の文章である。
- ☞⑯　これも⑮と同じく，何のことだかわからない。
- ☞⑰　大根畑があったら，どうして逃げられないのか，こんな文章は抜いたほうがよい。
- ☞⑱　「その後」が多すぎる。

前記のごとく，被害現場より被疑者の逃亡した非常口まで相当長い距離⑲で，合計すれば１,２５５メートルとなる。
(4)　参考事項⑳

　　被害現場中，見取図２のアイウエオカの地点を明らかにするため，添付のごとく現場写真８葉を添付する
(5)　証拠品

　　添付見取図２のイの地点に，被疑者の所持していた棍棒が遺留されて⑳たので，別紙領置調書の通り，証１号として領置した。㉒

　　なお，見取図２のエ地点に被疑者の足跡と認められるものがあるので，㉓これを採取した。
(6)　気象状況

　　当日は薄曇りで月は出ていたが，人を認める程度であった（写真８葉省㉔略）。

【注意】

☞⑲　「被害現場」とは、一体どこか？

☞⑳　このようなことは、調書末尾に書けばよい。しかもカの地点は、本文にも、見取図にもない地点である。また、写真の撮影者が誰だかわからない。

☞㉑　「遺留」の状況をもっと詳細に記載しておくべきである。これでは、差押調書さえあればよいことになる。

☞㉒　「証１号」は不用の文句である。

☞㉓　どうして「足跡」だけから、それが被疑者のものであると認定できるか。

☞㉔　実況見分の時は昼であるのに、月がでていたとは不可解である。おそらく、これは犯行当時の天候を書いたつもりだろうが、無意味である。

見取図1

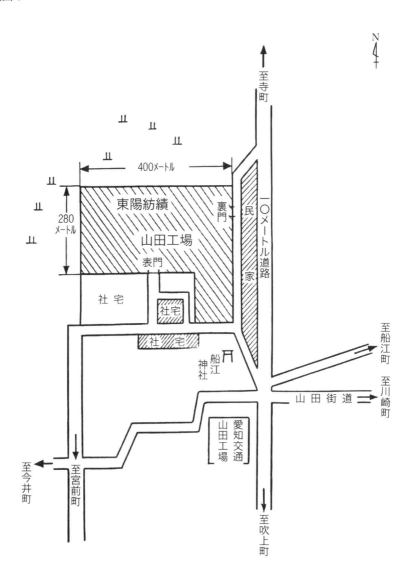

見取図2

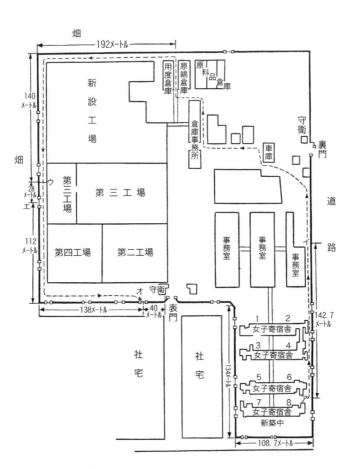

注　点線は犯人の進路

見取図３（その１）

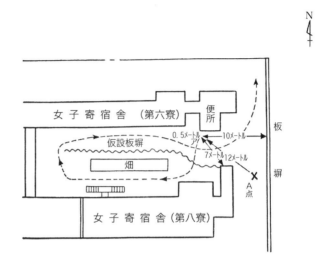

見取図３（その２）

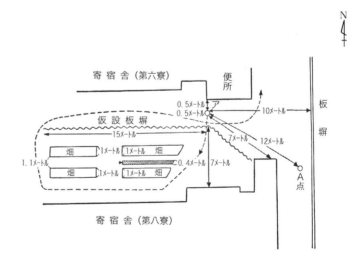

150　第2編　各　論

見取図4

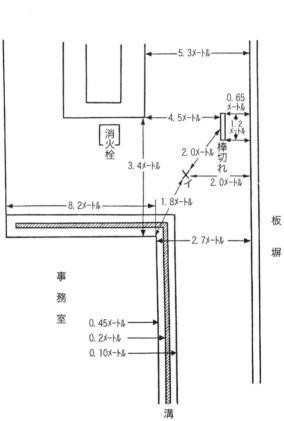

第 2 章 強盗事件実況見分調書 151

見取図 5 (その 1)

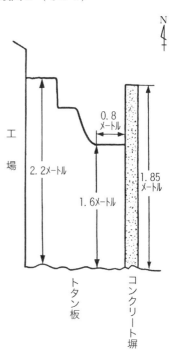

見取図 5 (その 2)

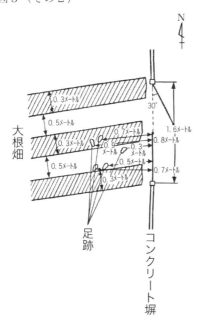

見取図6

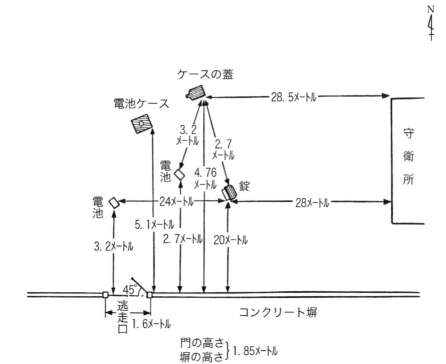

第3節 解　説

1　この実況見分調書は、地名、人名を除いて実例を一応原文のまま掲げてみた。はたして、この調書を読んだ人に、現場の模様が認識できるであろうか。疑問とせざるを得ない。形式的にみても文語体と口語体が混用されているし、見取図6枚が割合よくできているので、何とかわかるようなものの、本文だけ読んだのでは、何が何だか少しもわからないというのが実感であろう。こんな実況見分調書なら、見取図だけのほうがよほどよいといいたい。

2　本件は、広い工場の中を守衛が拳銃を突きつけられて、グルグル回った事件で、主として被害者の供述によって、実況見分をする以外に方法がない。したがって、被害者の指示説明が相当多くの部分を占めるのであるが、原調書はこの指示説明を要約し過ぎ、かつ、文章が長過ぎるため、文意が通じなくなったのである（第1編第2章第4節「**事件関係者の指示説明**」☞86頁**参照**）。

3　「現場の模様」については、もう少し詳細に被害現場の説明をしなくてはならない。この調書の作成者は、工場全体を被害現場とみているようである。それも一理あるが、その内でさらに家尾守が被害にあった現場があるわけであるから、その点を一々説明して場所的関係を明らかにしなくてはならない。

　以下、思いつくままに説明を加えるとともに、これに補充加除した実況見分調書を掲げて見よう（☞次頁**参照**）。ただし、何分にも原記録を読む以外に資料がないので、内容などについては正確を期することができなかつたから了承を願いたい。

第4節　記載例（その2）

5　実況見分の経過

(1)　現場の位置

　　現場は，愛知県山田市船江町1234番地所在東陽紡績株式会社山田工場である。工場は，同市内吹上町（南）から寺町（北）に通ずる10メートル道路の西方に位置し，同道路と通称山田街道等が交差する変型交差点から北西に通じる幅3メートルの道路を北西に約200メートル進むと三差路となるが，その三差路の北西が前記山田工場南東端である。前記三差点から約250メートル西進し，北折すると約150メートルで，前記工場表門に達する（添付見取図1参照）。

(2)　現場及びその付近の状況

　　被害現場である前記山田工場は，東西約400メートル，南北約280メートル（東寄りの地点では約400メートル），総面積○○○○平方メートルの敷地内にあり，周辺はコンクリート塀及び板塀で包囲されている。東側は板塀，その余はコンクリート塀であって，塀の高さは，いずれも1.85メートルないし2メートルある。正門は南側にあり東側のやや北寄りのところに裏門がある（添付見取図1参照）。南側はだいたい同工場の社宅に接し，東側は幅2.5メートルの道路で，これをへだてて民家が密集しており，西側および北側は畑である。工場内の建物及び設備の詳細については，添付見取図2にあるとおりで，正門から入って東側にコンクリート3階建の事務室3棟があり，その南方に木造2階建の女子寄宿舎が3棟建っており，最南端に4棟目の女子寄宿舎を新築中である。工場は正門から西方及び北方に建てられている。

なお，四周の塀には，約80メートルないし200メートル置きに非常口が開かれている。南側10か所，東側4か所，北側1か所，西側4か所で，その位置は見取図2のとおりである。各非常口は，いずれも2枚の板門扉で閉ざされてあり，錠がかけられている。表門内側西寄りの地点と，裏門内側北寄りにそれぞれ守衛詰所がある。
⑶　現場の模様及び被害の状況
　立会人家尾は，被害当時（11月26日）の位置関係等につき，次のとおり指示説明した。
　ア　巡回経路について
　　立会人は、巡回を開始した地点として工場表門守衛詰所を指示した上，その後の巡回経路として
　　　「工場南側の塀の内側に沿って東進し，女子寄宿舎西側の塀の内側に沿って南進した。続いて，女子寄宿舎南側の塀の内側に沿って東進した後，女子寄宿舎東側の塀の内側に沿って北進し，女子寄宿舎第8寮の東側まで来た。」
　　と指示説明した。
　　前記指示説明にかかる巡回経路は，添付見取図2に記載したとおりであり，その距離は合計〇〇メートルであった。①
　イ　被疑者不詳を発見した位置等
　　立会人は、最初に被疑者不詳を発見したときの位置につき

【注意】
☞①　前掲の見取図2（☞148頁参照）には前記巡回経路が記載されていないが、同経路を点線等でわかり易く記載した上、関係距離をも同図面に記載しておくこと。

「私が，女子寄宿舎第8寮の東側の地点まで北進して来たとき，棒の様な物を持った男を発見したが，その男は女子寄宿舎第6寮東端の便所の南側にいた。」

と指示説明したので，立会人の指示により，発見時の立会人の位置をA，被疑者不詳の位置をアとして見分した。

アは，女子寄宿舎第6寮東端にある便所の南端から南方0.5メートル，工場東側の塀から西方10メートルの地点であり，Aは，女子寄宿舎第8寮の東側で，アから南東に12メートルの地点であって，Aからアまでの間に視野を妨げるものはなかった（添付見取図3及び写真№1参照）。

立会人は，引き続いて，被疑者不詳の歩行経路につき

「私が，Aから見ていると，男は女子寄宿舎第6寮の南側にある仮設板塀の隙間から南進した上，畑の周囲を時計回りに1周した後，女子寄宿舎第6寮東端の便所の東側を北に歩いて行った。」

と指示説明した。前記指示説明にかかる被疑者不詳の歩行経路は添付見取図3に記載したとおりであるが，女子寄宿舎第6寮の南側にある仮設板塀には，アの南方0.5メートルの地点に○○メートルの隙間があり，人の通行が可能であった（添付見収図3及び写真№2参照）。

ウ　被疑者不詳からけん銃を突き付けられた位置等

立会人は，北進後の被疑者不詳の経路等につき

「私が尾行して確認すると，男は，東側の塀の内側に沿って北進し，事務室のやや北東の地点で立ち止まり，私の方を見た。」

と指示説明したので，立会人の指示により，そのときの立会人の位置をB，被疑者不詳の位置をイとして見分した。

イは，最東端の事務室北東角から北東に１．８メートル，東側板塀から西方に２メートルの地点，また，アから北方１４２．７メートルの地点であり，Bは，イの南方○○メートルの地点であった（添付見取図２，４参照）。

続いて，立会人は，けん銃を突き付けられた位置等につき

「見つけられた私はイの男の側に行った。イにいた男からけん銃を突き付られた。」

と指示説明したので，立会人の指示により，そのときの立会人の位置をC③として見分するに，Cは，イの南方約○○メートルの地点であった。

なお，イの北東２メートルの地点に木製棒１本（長さ１．２メートル，直径３センチメートル）が東側の板塀とほぼ平行の状態で遺留されていたが，この棒につき，立会人は

「男が投げ捨てたものであり，棒の位置はその当時のまま移動していない。」

と説明したので，被疑者不詳が遺留した物と認めて領置することとした（添付見取図４及び写真№３，４参照）。

エ　被疑者不詳と共に移動した経路等

立会人は，前記イから被疑者不詳と共に移動した経路につき，

「男により背後からけん銃を突き付けられた状態で，私が前，男が後で歩いた経路は，裏門○○メートル手前まで北進し，その後，車両の南側，倉庫事務所の東側通路，用度倉庫と原綿倉庫間の通路を通って敷地

【注意】
☞②　前掲見取図にはこの地点が特定・計測されていない不備がある。
☞③　前掲見取図にはこの地点が特定・計測されていない不備がある。

北側の塀に出た。そこで塀の内側を西進した後，西側の塀に沿って南進し，トタン板の障壁に達し，これを乗り越えた。」

と指示説明したので，前記トタン板障壁の位置をウとして見分するに，前記イからウまでの経路は添付見取図2に記載したとおりであり，その距離は○○メートルであった④。ウは，工場北側の塀から南方に140メートルの地点であり，工場西側の塀とその東側第3工場との間にトタン板が張られて障壁をなし通行不可になっているが，その上部は東側から西側に向かって次第に低くなっており，最も高い東側の高さが2.2メートル，最も低い西側の高さが1.6メートルであった（添付見取図5の1参照）。

立会人は，「西側の低い部分でトタン板を乗り越えた。」と指示説明したので，同部分を見分したが，土の付着等の痕跡はなかった。

前記トタン板障壁を乗り越えた後の歩行経路等につき，立会人は，ウの南方直近にある非常口に本職を案内して

「更に南進して，この非常口まで歩いた。男は，この非常口から一旦外に出たが，すぐ戻ってきた。」

と指示説明したので，前記非常口をエとして見分するに，同非常口はウの南方28メートルの地点において工場西側塀に設けられており，木製門扉2枚（それぞれ幅80センチメートル、高さ1.85メートル）が設置され，工場敷地側に開く構造となっているが，北側の門扉1枚が工場敷地側に向かって約30度の角度に開いており，人の通行が可能な状態になっていた⑤（添付見取図2及び5の2参照）。

【注意】

☞④　イからウまでの移動経路については，その途中で折れ曲がった地点毎に位置・関係距離を特定して見分しておくことが望ましい。

立会人は

「非常口の扉は普段閉まっており内側から施錠されているが，男から指示されて私が北側の扉を開けた。扉の状態は，私が開いたままになっている。男はこの非常口から一旦外に出た。」

と指示説明したので，同門扉から工場敷地外に出て見分するに，門扉の外部はすぐ畑であり，門扉の西方約1メートルまでの間に足跡5個を発見した（添付見取図5の2及び写真№5参照）。

前記足跡につき，立会人が「この足跡は男が遺したものと思う。」と説明したので，前記足跡5個を採取した。

立会人は，エ地点以後の移動経路として，本職を工場西側の塀の内側に沿って工場南端の塀との角まで案内し，同所で「ここまで歩いてきた。」と指示した上，工場南端の塀に設けられている非常口4か所のうち最も守衛所に近い非常口を指差し，「続いてその非常口の前に行った。」と指示したので，前記非常口をオとして見分するに，エからオまでの歩行経路は添付見取図2に記載したとおりであって，その距離は○○メートルであり，オの非常口は表門の西方40メートルに位置し，木製門扉2枚（それぞれ幅80センチメートル，高さ1.85メートル）が設置され，工場敷地側に開く構造となっているが，東側の門扉1枚が工場敷地側に向かって約45度の角度に開いており，人の通行が可能な状態になっていた（添付見取図2及び6参照）。

立会人は

【注意】
☞⑤　錠がどのような物で，見分時にどのような状態でどこに存在したのかを見分して見取図及び写真で明確にしておくべきである。

「この非常口の扉も普段閉まっており内側から南京錠で施錠されているが，男から指示されて私が南京錠を外して東側の扉を開けた。扉の状態は，私が開いたときのままである。男はこの非常口から逃走した。」
と指示説明したので，同非常口の外部を見分したが，砂利道であり，足跡等の痕跡はなかった。

立会人は，さらに

「外した南京錠は，男が逃げた後私が守衛詰所に走って向かったときに，付近に落とした。」
と指示説明したので，付近を見分するに，表門守衛詰所西端から西方28メートル，工場南側塀から北方2メートルの位置に南京錠1個が，同位置のほぼ西方24メートル，オの非常口西側門扉の北方3.2メートルの位置に単1乾電池1個が，前記南京錠のほぼ北北西2.7メートル，前記詰所西端から西方28.5メートルの位置に乾電池ケースの蓋1個が，そのほぼ南南西3.2メートル，前記塀の北方2.7メートルの位置に単3乾電池1個が，オの非常口東方門扉の北方5.1メートルの位置に乾電池ケース1個がそれぞれ落ちており（添付見取図6及び写真№6ないし6参照⑥），立会人は，前記南京錠につき「オの非常口にかけてあり，私が外した物である。」と説明し，その余の乾電池等については，「詰所に急行するときに，私が持っていた懐中電灯から壊れて落ちた物である」と説明し，いずれについても「事件当時に落としたときの状態のままである。」と説

【注意】
☞⑥ 南側塀から乾電池2個及び南京錠までの距離と見取図に記載された位置とが一致していないが，他に資料がないので，同見取図によって本文を記載した。

　　　　明した。
(4)　証拠物件

　　　前記のとおり，イ点付近で発見した木製棒1本は別紙領置調書記載のとおり押収し，エ点において畑内にあった足跡5個を鑑定資料として採取した。

(5)　天候

　　　見分当日は快晴で無風であった。なお，立会人家尾は，事件当夜は薄曇りで，月は出ており，人影は充分認められる程度であったと説明した。

　本実況見分の結果を明らかにするため，現場見取図6葉および当署鑑識課勤務司法巡査毛利義弘の撮影した現場写真8葉をそれぞれ本調書末尾に添付した。

第3章　強盗致死事件検証調書

第1節　強盗致死事件検証調書の留意点

　強盗殺人あるいは強盗致死傷事件は、要するに強盗事件と、殺人事件または傷害致死事件あるいは傷害事件の複合されたものであるから、検証調書の作成に当っても先に殺人事件、強盗事件について述べたところと同じことがいえるわけである。したがって、記載例としては重複のきらいはあるが、何分いわゆる検証には、強殺事件がきわめて多いと思われるので、古い実例ではあるが、人名、地名等を除き、原文のまま、あえて記載してみた次第である。

第2節　記載例

　東京都中野区のある住宅街で、1日の勤めを終った若いサラリーマンが、家に帰ってみると妻の応答がない。玄関も開いたままになっている。家の内に上ると奥6畳間に若妻が首を絞められて殺されていたというのが、この事件である。

　急報により、警察が出動し、現場に臨検した上、一応強盗殺人事件として捜査を開始した。検証はその翌朝行われた。もちろん犯人はまだわからない。「**検証調書（甲）**（様式第40号）」は、次頁参照。

様式第40号（刑訴第218条,第222条）

検 証 調 書（甲）

平成〇〇年 1月20日

警視庁野方警察署

司法警察員 警部補 遠山忠相 ㊞

被疑者 氏名不詳者 に対する 強盗殺人 被疑事件につき，本職は，平成〇〇年 1月14日付け 東京地方裁判所 裁判官 岸茂三郎 の発した検証許可状を 中田太郎 に示して，下記のとおり検証をした。

記

1 検証の日時
　　平成〇〇年 1月15日午前9時5分から午前11時40分まで

2 検証の場所又は物
　　東京都中野区大塚7丁目1914番地中田太郎方居宅及びその付近並びに中田美智子の死体

3 検証の目的
　　上記中田方における強盗殺人事件の犯行日時・場所及び犯行の手段・方法を明らかにするため

4 検証の立会人（住居，職業，氏名，年齢）
　　東京都中野区大塚7丁目1914番地
　　　　会社員　中田太郎　（28歳）

5 検証の経過
　(1) 現場の位置及びその付近の模様
　(2) 現場及びその付近の状況
　(3) 被害現場（室内）の模様
　　　　ア
　　　　イ
　　　　ウ
　　　　エ
　(4) 被害の状況
　　　　被害者
　　　　被害金品
　(5) 証拠資料
　　　　証拠物
　　　　指紋
　(6) 気象状況

（注意）　やむを得ない理由により令状を示すことができなかったときは，その理由を付記すること。

（用紙　日本工業規格A4）

5　検証の経過
(1)　現場の位置及びその付近の模様

　　本検証の対象である中田太郎方は，東京都中野区大塚7丁目1914番地にあって，青梅街道バス通りのバス停仲町停留所と本町停留所とのほぼ中央東側にある岡村葬儀店と長山ガレージとの間の幅約2.5メートルの道路を東に約60メートル進み，味噌屋山井三郎方とその西隣吉井正吉方との間にある幅員2メートルの道を左（北）折して，その突き当たりにある門構の木造瓦葺平家一戸建の家である。

　　前記中田方付近は，いわゆる住宅街で，人家は割合稠密である。中田方の西及び北は同番地西郷巌方で，人家と約7メートルくらいへだて，東側は1メートルくらいで東条光政方に接し，南側は2メートルの道路をへだてて，大都一郎方，山井三郎方台所となっている。詳細は添付見取図第1及び第2のとおりである。

(2)　現場およびその付近の状況

　　中田太郎方は，玄関2畳，茶の間4畳半，座敷6畳，台所，便所，物置等に分かれ，その方位，間取り等は，別紙見取図第2に示すとおりである。

　　同家の南側は，高さ約2メートルのトタン塀で囲い，その塀の内側は約6.6平方メートルの庭になっており，植木を植え，物干場として使用して

【注意】
☞①　「塀の内側の庭」というのは、見取図第2によると、木戸をはさんで東西にある。ここでは、東側の庭をいっているようであるが、「植木を植え」というと、西側のようでもある。また、これを東側の庭とすると、西側の庭については、一言も触れていないことになる。この辺はもう少し詳しく書いたほうがよい。

いたらしく，この庭から玄関に通ずるところは，写真№20に示すような木戸があって，庭の方から猿鍵を施す装置になっている。この庭の東側に3.3平方メートルあまりの土地を板で囲い，これにトタン板で屋根を葺いた物置がある。

　中田方の東側東条方との間の幅約1メートルの路地は，東条方台所および中田方台所に通ずるもので，その路地の入口には開き戸が建てつけてあるが，この開き戸には鍵の設備はない。中田方の北側は西郷方との間に高さ約2メートルの竹垣がある。これは割竹を密接させたものであって，双方から見とおしができないものである。前記東条方との間の路地の突き当たりには，木戸が作ってあって，西郷方に行けるようになっているが，その木戸は西郷方側に差込錠がしてある（見取図第1第2参照）。

　西側は，約7，8平方メートルの庭になっており，前記西郷方に接する

【注意】

☞② ここの表現も多少わからない。むしろ「中田家の東側，東条方との間は，幅約1メートルの路地になっている。この路地の南端，表通路に出るところは木戸になっており，ここからこの路地を通って東条方台所あるいは中田方台所に行けるようになっている。云々」と書いたほうがわかりよい。

☞③ 「路地の突当りには」と書くと，調書を読んだだけでは，何かこの西郷方の木戸も路地につけてあるように考えられるが，見取図第2によると決してそうでない。したがって「この竹垣の東端より約何メートル，丁度前記東条方との間の路地からみて，正面に当る箇所に」と書いたほうが，よほどわかりよいであろう。

☞④ 単に「西側」といっても，今まで説明していた北側の庭の西側か，玄関前の庭の西側か，あるいは中田家の西側か判断がつかないであろう。また，北側の庭の東側，井戸のある地点付近について，なんらの説明がない。

ところには，高さ１メートル，竹と竹の間隔１３センチメートルぐらいにとった竹垣がある。

(3) 被害現場（室内）の模様

ア　玄関２畳間の模様

玄関入口は２枚のガラス戸になっており，差込錠ははずされ，左右にいずれも５０センチメートルくらい開かれていた。立会人で第一発見者である中田太郎は，この玄関は発見当時から現在のままの状態で開かれていた旨説明した。土間は，間口１．８メートル，奥行１．２メートルのコンクリートで，東側に作りつけの下駄箱がある（写真№1参照）。

座敷に上る踏板の西隅に，約４００グラムの味噌包が１個放置してある。

２畳間の北側に押入れがある。その前方西寄りに玄関に面して洋服たんす１棹があり⑤，西側壁際に帽子掛があって，男物茶オーバー等がかけてあるのを認めた（写真№3参照）。

イ　４畳半間の模様

４畳半間の西側寄りにたんすが２棹あり⑤，北側のたんすの上には仏壇，ラジオ等がのせてある（写真№3参照）。北側は台所を背にして茶だんす⑤があり，その上にスキ焼の残った鉄鍋がのせてある（写真№4 №5参照）。

【注意】

☞⑤　各部屋にあるたんす（洋服たんす），押入れ等について，なんら詳しいことがわからない。本件は一応強盗殺人容疑の事件であるから，各室内の金品物色の状況の有無については，もう少し説明が欲しいところである。特にたんすについては，その外観，その内容等についても説明を加えておいたほうがよい。

前記の茶だんすの南側に茶器入れおよび長火鉢があり，これに対してたんすを背にして坐るように座布団が敷いてあり，長火鉢の五徳内の灰の中には，ほとんど燃焼していないタドン１個とその上に燃え残った一握り位の紙片がある（写真No.６参照）。^⑥

　　長火鉢の猫板の上には，数枚のちり紙がおかれている。内数枚は整然と積まれているが，他はもみくちゃとなっている（写真No.６参照）。

　　また，長火鉢の南側に炬燵が作ってあって，その上に平成○○年１月１４日付朝日新聞（朝刊）が１部置かれてある。炬燵は置炬燵で，上に花鳥模様の掛布団が１枚かけてあり，内は約１メートル四方のやぐらで，やぐら内には径３０センチメートルくらいの円形黒色火入れが置いてある。火入れ内には火の気は感ぜられない。中庭に面した障子の東寄りに高さ１メートル５０センチの三面鏡がある。その西側障子に接して，１メートルくらいの間隔を置き古い汚れた女物足袋が放置されてあり，この障子の中央辺のところに，半幅博多帯が巻いたまま置いてあった（写真No.７参照）。

ウ　台所の模様

　　台所の広さは３.５平方メートルで，南側約１メートルが揚板となっており，そこから５０センチメートルくらい低く，北側１メートルは地上から１０センチメートルくらいの高さの板張りになっている。その西側が流しになっている。北側には腰高ガラス戸２枚を建て付けた出入口がある（写真No.１９参照）。

　　このガラス戸の西側及び東側にそれぞれ輪鍵があって施錠してある。

【注意】
☞⑥　長火鉢についても⑤と同様説明がたりない。

揚板の西側には，食器戸棚があり，その前に写真№18に示すように食卓，炭籠，ニユーム製鍋，釜，醤油瓶等の炊事道具，及び浴場用化粧品入等がある。
　東側には，ガス器の上にニユーム製の径約20センチメートルの御飯蒸が乗せてある。蓋を取って検すると，内には約200グラムくらいの飯が残っていた。
　台所の流しは，長さ80センチメートル，幅40センチメートル，高さ80センチメートルのコンクリート製の作りつけのものであり，板張りの西側にあって，そこにアルマイト製の小さい鍋にカレーライスの種が少しばかり入れてある。その流しの下にはバケツ，バケツの上にアルマイト製洗面器を重ねて入れてあり，バケツの中に靴下，足袋の洗濯済のものが入れてある。流しから約30センチメートル上には，水道の蛇口がある。なお，前記板張りの東側板壁に，木の2段の棚が作ってあり，下の棚の支えを利用し，これと台所茶の間の柱の釘との間に約1メートルの細竹をかけて，手拭掛が作ってあり，これに3本のタオルがかけてある（写真№4参照）。
　台所の外にごみ箱がある。蓋は取りはずして，中田方羽目板に立てかけてあり，箱の中にはごみが全く存在しない。

エ　6畳間座敷の模様
　6畳間には，添付見取図第2に示すように，北側に床及び押入れがあり，南側は廊下及び便所がある。東側の床寄りに約2メートルの肘かけガラス窓⑦があるが，外側は木の格子が作りつけてあり，かつ，雨戸をしめそ

【注意】
☞⑦　窓の高さなどについて説明がたりない。

の内側のガラス障子には差込錠が施してある。

　この窓は前記の１メートルの路地をへだて，東条光政方の台所に対している。

　床の前の前記窓ぎわに寄せて衣桁があり，男物浴衣を重ね合わせた丹前，女物羽織，女物コート，兵児帯がかけてある。その南側には方１．２メートルの花林のテーブルを立てかけ，さらに南側壁に接して桐のたんすが１棹ある⑤。そのたんすの上の戸袋の右側は，約４センチメートル開いている（写真№９参照）。

　戸袋の中には，前記４畳半間の猫板の上にあったちり紙と同一品質のちり紙が，厚さ８センチメートルくらい重ねてあり，また，前記たんすの上には裁縫道具がある。

　この部屋の西側押入れ寄りに本箱があり，その南にこれと並べてテーブルクロスをかけた机がある。前記本箱の南端で，机と接する付近を頭にして，畳上に一見２２，３才の女性死体１個が，仰向けに倒れている。その状況は写真№１０，№１１のとおりである。

　立会人中田太郎は

　　この女は，私の妻美智子で，私が帰宅したとき，今見たままの状態で死んでいた。

と説明した。

　本箱の上には，螢光灯スタンド，本，鏡等がある。机の上には，北に寄せて，葉書，婦人倶楽部，硯箱，ノート，花瓶等がある（写真№１０参照）。

　机の下には，男物銘仙の着物を入れた衣類入かごがある。床には山水の軸を掛け，床の上には三味線の空箱，人形入箱，生花かごが置いてある

（写真№8参照）。

　東側の窓の上と南側廊下の鴨居の上には，それぞれ額が1枚かけてある。
(4) 被害の状況
　A　被害者
　　ア　被害者は，成年の婦人で，前記のように6畳間の本箱の南部に頭を接し，顔を机の方に向けて仰臥し，両手をやや開き，右脚を外側にまげ，左側はほぼまっすぐ伸ばして，太股まであらわにし，裾を乱している（写真№11、№12参照）。
　　イ　その詳細を検すると，晒しの肌じゅばんの上に赤い毛のじゅばん，メリヤス製半じゅばん，銘仙の着物を着て，その上にセルの短いコート様のものを着用しているが，このコート様のもののホック釦ははずれて，締めている伊達巻があらわれ，かつ，その胸部は左右の乳房があらわれるほど，着物の胸が開かれている。
　　ウ　伊達巻の両端にはメリンスの細紐が縫い付けてあって，伊達巻が解けないような仕掛けになっているが，その紐が解けていて，右側の一端長さ25センチメートルくらいは切れて死体の胸の上に乗せてあり，この紐の左側は着物の袂の下をくぐつて10センチメートルほど外にあらわれている。なお，いま1本のメリンスの細紐を締めていて，その一端は伊達巻に付着している紐と一緒に右袂の下をくぐり，一端は左足にそっておかれている。
　　エ　伊達巻の下には細紐を2重にまわして前で花結びとなっている。
　　オ　腰部には，白綿ネルの腰巻を最下にして，その上にメリンス花模様の袷の腰巻をし，足には紫ビロードの足袋をはいている。この袷腰巻の左

側はまくれ上り，白綿ネル腰巻はそのほとんどが腹部までまくれ上っており，陰部及び股に当るところに白ナイロン地パンテイが丸めてはさまれていた。その状況は写真№12の示すとおりで，このパンテイが太股とともにあらわれている。右脚は右方に拡げ，膝部でわずかまげ，左脚はほぼ真直ぐに伸ばし，膝部をわずかに上方に挙げている。なお，写真№16に示すように前記股間に押し込んだ白パンテイを除去すると，外陰部があらわれるような状況になっている。前記パンテイの陰部に当てられていた箇所には径1センチメートルくらいの粘液様のしみがついていた。前記死体近くの机の上に絣の着物と浴衣を合わせたものが丸められているが，立会人は

　　これは発見当時死体の顔面を覆っていた

と説明した。

カ　前記の短いコート様のものの右側ポケットには，脱脂綿少量，小揚枝，紙片等が入っていた。また，着物の左袂内には，帯締め，メリヤス製女物黒右側手袋，ハンカチ，ちり紙数枚が入っており，左袂内には左側手袋（前記の手袋と対をなすもの）が入っていた。

キ　前記6畳間のたんすの前には，被害者が着用していたと認められる⑧白木綿前掛が落ちていた。

そこで本職は，被害者の着衣を脱がせ，順次検したところ

ア　この死体は身長約1メートル52センチ，四肢は硬直している。眼はやや開き，眼瞼には多数のうっ血点が認められた。鼻口より少量の鼻汁

【注意】

☞⑧　置いてあるだけで，どうして「着用していた」といえるのであろうか。むしろ「被害者のものと認められる」としたほうがよいであろう。

を出し，口もやや開いて歯を見せ，かつ，軽く舌を出してこれを咬み，口許より少最の淡紅色の唾液を出しており，頭髪は、パーマネントをかけている。

イ　頸部を検すると，まずタオルをもって頭髪とともに頸部を１巻きした上，頸部左耳下やや後方で一重に強く結び，さらにこの上を古手拭でほとんどこれと同じように一重に堅く結んでいるが，この手拭の一端は切れて，机の下の衣類入籠の付近にあった。このタオル及び手拭の結び方は，通常の結び方とは反対で，写真No.１４及びNo.１５の示すように，被害者の頸の右を回ったものは下から上に，左を回ったものは上から下に回して結んでいる。

ウ　このタオルで巻かれたところは，相当強く結んであり，試みに１指を差し入れようとしたが，入れることはできなかった。右耳下において長さ８センチメートルくらい，幅１センチメートルくらい皮下に食い入り，血液がにじんで赤褐色を呈している（写真No.１３参照）。

エ　このタオルには「杉並区宿町鈴木電機商会，電（３３１２）３５９７」と染め抜いてあり，また，前記手拭には「市川梅幸」と染め抜いてある（写真No.２１参照）。

オ　前胸部のほぼ中央鳩尾の辺りに直径３センチメートルの黒褐色の灸痕様の創がある（写真No.１４参照）。

　その創の付近には縦及び斜の掻創のようなものがある。

　この灸痕様の創の右方約３センチメートルのところに，２か所の淡褐色を呈する斑点を認めた。

カ　その他四肢，腹部，肛門には外傷もなく，外陰部右下方会陰部に幅２ミリメートル，長さ１センチメートルくらいの粘液の付着が認められた

　　　　以外に，異常は認められない。
　　キ　右膝頭より5センチメートルくらい離れた畳の上に，一見陰毛と認められる毛が1本あり，また，左内股陰部より約5センチメートルの太腿部上に長さ約2センチメートルの剛直な黒の毛が1本，右乳房上約3センチメートルのところにも同様の毛が1本存在している（写真№16参照）。
　　ク　死体を俯伏せにして検したところ，背部，腰部等には一面に暗紫赤色の死斑がある。詳細は写真№17のとおり。
　B　被害金品
　　立会人中田太郎に被害金品の有無について質問したところ，同人は
　　　妻がふだん左手首にしていた
　　　　スイス製金側腕時計1個
が見当たらないし，また，妻が常時所持していた財布も見当たらないから，とられたものと思うが、後から調べて届ける，旨申し立てた。
　　外に4畳半間，6畳間には，特に物色の跡と思われるものは認められない。
(5)　証拠資料
　A　証拠品
　　　被害者の着用していた
　　　　ア　銘仙着物
　　　　イ　メリヤスじゅばん
　　　　………………
　　　　………………（以下略）
　　は証拠品と認め，別添捜索差押調書記載のごとくこれを差し押えた。

B　指紋等の採取

　　　本検証の補助をさせた当署勤務司法警察員巡査鳥居平次は鑑定資料として，以下のとおり指紋を採取した

　　　ア　4畳半間茶だんすより　3個

　　　イ　長火鉢より　2個

　　　ウ　6畳間桐たんすより　3個

　　　エ　被害者の指紋

(6)　気象状況

　　検証時は南西の風（微風）で，終始快晴であった。

本検証の結果を明確にするため作成した，現場見取図2葉および，検証補助者当署勤務司法警察員巡査野々宮正の撮影した現場写真21枚をそれぞれ本調書末尾に添付した。

　　（写真省略）

第 3 章 強盗致死事件検証調書 175

第 1 見取図

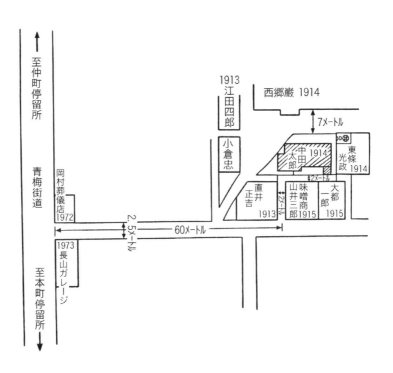

第2見取図

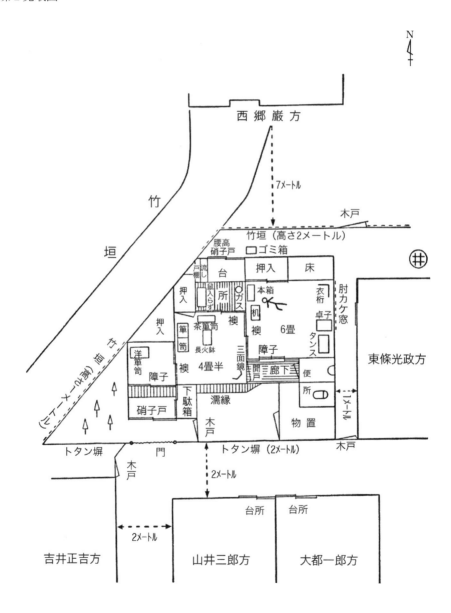

第4章　放火事件検証調書

第1節　放火事件検証調書の留意点

1. 放火、失火の事件の検証では、「**公共の危険**」が構成要件となっているものが多いから、単に火災の現場ばかりでなく、その現場を中心とする付近一帯の状況、たとえば、周囲の建造物その他の存否、それとの距離等付近の状況も記述して、公共危険の有無、程度を明確にしなければならない。できれば風の方向、強弱による延焼のおそれの有無についても、その状況が調書でわかるようにしておくといいし、また、付近の水利に関する施設、たとえば、水道・消火栓等の状況、距離なども記載しておくべきである。

2. 焼けた程度によって既遂または未遂となるものであるから、現場が全焼している場合はともかく、一部が焼けている場合には、その焼けた物の種類、焼けた部位、範囲、その炭化燻損の程度を綿密に調書にあらわしておく必要がある。このためには、写真、立体図等を活用すると説明が容易である。

   また、これら焼損物の近くの物の種類形状（可燃物かどうか）も明確にしておくほうがよい。

3. 客体によって罰条が異なるものであるから、調書上、現場はもちろんその付近の建造物その他について、住居か非住居か、あるいはその他の建造物か、物であれば、その種類、形状等を明らかにしておく。

以上のことを念頭において、調書を作成すべきであるが、さらに調書の上で

 ① 現場は火気を使用するところかどうか

 ② 漏電の疑いはないか（配線の状況）

 ③ 失火の疑いはないか

 ④ 発火点はどこか

 ⑤ 現場およびその周辺に発火装置、発火材料となるものはないかどうか、あればその状況

 ⑥ 現場近くに火気を使用する場所があるか、あるとすればその状況と現場との関連

がわかるように作成しておく必要がある。特に、②の電気配線の状況と漏電関係の調査は、できれば、電気専門家の意見を求め、場合によっては鑑定を嘱託することも考えておくべきであろう。

また、見取図は、焼損部分を赤斜線で現わす等、見る人に理解しやすいようにくふうして作成する必要があろう。

第2節　記　載　例

被疑者は少年で、この年の夏家出をし、その後上京して、定まった住居も職業もなく、路上生活をしていたのであるが、平成〇〇年10月28日夜おそく、世田谷方面を徘徊しているうち、漫然と他人の家に火をつけてみたくなり、翌10月29日午前5時前この柴田方の前でたばこに火をつけた時に路上に落ちていた紙屑を拾い上げてこれにマッチで火をつけ、それを柴田方の表戸に立てかけてあった蓙よしずの下に置き、これに燃え移らせて放火したというのが本件である。

犯人の少年は、すぐ検挙され、係官が現場を検証した。次にその検証調書を掲げてみる。これも地名、人名その他すべて書きかえてある。

様式第40号（刑訴第218条、第222条）

検　証　調　書（甲）

平成〇〇年11月1日

警視庁世田谷警察署

司法警察員　警部　板倉忠秋　印

　被疑者木下信長に対する放火被疑事件につき，本職は，平成〇〇年10月29日付け東京簡易裁判所裁判官小田秀康の発した検証許可状を立会人柴田一益に示して，下記のとおり検証をした。

記

1　検証の日時

　　平成〇〇年11月1日午前11時20分から

　　　　　　同　日午後1時0分まで

2　検証の場所又は物

　　東京都世田谷区大塚坂下町22番地所在柴田一益方住居およびその付近

3　検証の目的

　　犯行の場所，手段方法を明らかにし，焼損，くん焼の程度を明らかにするため

4　検証の立会人（住居，職業，氏名，年齢）

　　東京都世田谷区大塚坂下町22

　　　　　　会社員　柴田一益（48歳）

5　検証の経過

　⑴　現場の位置並びにその付近の状況

　　　現場は，JR渋谷駅より日比谷に向かうバス通りで，都バス大塚坂下町交差点から西方約200メートルの地点である。バス通りに面しており，

その通りの北側である。付近一帯は，おおむね２階建の木造家屋，各種商品を販売する商店等が軒を並べ，人，車等の住来も頻繁で，いわゆる商店街である。

　柴田一益方の番地は，東京都世田谷区大塚坂下町２２番地になっている。

　同家南側は，都バスの通りに面し，この通りの幅員は約１５メートルある。西側は約１．８メートルの路地をへだてて隣家であるＡ，Ｂ両家に面し，北側は約１．５メートルの柴田方の庭で，これをへだててＣ方住居がある。東側は約２メートルの道をへだててＤ方の住居に面している。その状況については，別紙見取図第１を参照されたい。

(2) 柴田一益方の状況

　ア　概況

　　柴田方は，渋谷駅より日比谷に向かう都バスの通りに面して建設された木造２階２戸建のうち，西側の家である。間口約５．７メートル，奥行約７．６メートルの店舗住宅で，表（南）側が店舗になっており，店は約９．９平方メートルある。この店に続いてその北側に４畳半間，８畳間，６畳間の３間と，台所とがある。

　　台所は家の東隅にあり，水道が通じている。これらの状況については，見取図第２を参照。

　イ　被害（焼損）の状況

　　この柴田方の表道路に面した間口約５．７メートルの入口は，西端約１メートルが板壁で，その他に幅約１メートル高さ約２メートルの腰板ガラス戸５枚が建て付けられている。そのガラス戸のうち西端のものは腰板の西半分が，また前記の板壁のうち，このガラス戸に接する東側の半分くら

い，幅約50センチメートルくらいが，地上より上方に上るにしたがって次第に広く焼損しており，ことにガラス戸上方の板壁ならびに地上より約3メートルの高さにあるひさしの裏および梁の部分は，焼損の範囲が急激に拡がっている。その状況は，写真№2および№3のとおりである。

この焼損の範囲は，地上に接する部分は，幅約1メートルであるが，ひさしの裏においては約4メートルにおよんでおり，そのうち最も炭化しているところは，西側板壁上方の席の近くで，その部分の炭化最深度は約3ミリメートルである。

なお，このガラス戸の上部敷居の上と，ひさしとの間の細い窓にはめ込んであるガラスは，すべて破損している。

ウ　立会人の指示説明

立会人柴田一益は，実地について次のとおり指示説明した。

今朝午前5時頃火事だというので表に出てみると，前の晩ここ（この時立会人は実地について指示したので，これを（ア）点とする。以下単に指示地点の符号のみを書いておく）に巻いて板壁に立てかけて置いた葭よしずが既に燃え落ちていて，そこの板壁からひさしの裏一面にわたって燃え上っておりましたので，近所の人の応援を得て水をかけて消したのです。

この火事のため，前に申した葭よしずが全部焼失したほか，この辺（イ）点に，巻き上げカーテンをはずしたものを巻いて立てかけてありましたが，その巻上げカーテンは布の部分がほとんど燃えてしまい鉄の骨だけになってしまいました。

西端のガラス戸のガラスも火のために3枚割れましたが，これはさきほど入れかえました。

その他は今朝のままであります。
　エ　立会人の指示に基づく検証
　　　前記ウのような指示説明があったので，検すると，
　　a　（ア）点は，入口の西側板壁の前約80センチメートルの道路上で，板壁の西端より約1メートル離れている。その辺りには，あたかも焚火の跡のように燃え残りの灰が約1メートル四方に四散していて（写真No.4参照），立会人は「これが葭よしずの燃えた灰である」と説明した。前記イに記載してある炭化最深部はこの（ア）点の上方に当っているので，ここが発火点のように認められた。
　　b　（イ）点は巻上げカーテンが置いてあったという箇所で，（ア）点の西方約50センチメートル，西側板壁の前方30センチメートルの地点である。同所には長さ約1.5メートルくらい，径約1センチメートルの鉄骨6本（3本ずつ，いずれも一端が連結されているもの）と長さ約2メートル，径約8ミリメートルの鉄棒が3本板壁に立てかけられており，立会人は「これが焼けたカーテンの骨である」と説明した。
　　　　その鉄棒にはところどころにテント地と思われる布切れの焼け残ったものが付着している（写真No.5参照）。
　オ　以上に記載した以外に前記家屋の内部外部にはなんら焼損の痕跡はなく，異常も認められない。同家電灯の引込線は，同家入口東端に取り付けられており（見取図第2参照），この部分にはなんら焼損の痕は認められない。前述の西側焼損の部分には，電気関係の配線は全然存在しない。
(3)　水利の関係
　　　前記柴田方の水道は，前述の台所に一箇所あるだけである。なお，消火栓は同家東端より約300メートル東方の都バス通り北端にある。

(4)　証拠物品

　　　証拠物と認められるものは，何も存在しなかった。

　(5)　天候

　　　検証時は，北東の微風で，曇であった。

　　　当時の気象は北の風（微風）で快晴とのことであった。

この検証の結果を明確ならしめるため見取図3葉，および当署捜査課鑑識係司法巡査山田一郎の撮影した写真5枚を本調書末尾に添付した（見取図および写真省略）。

第3節　解　説

1　記載例にあげた事件は、割合簡単な事件であるため、焼損の説明も簡略にしてある。しかし、実際には火災現場の検証はこのような簡単なものばかりではなく、きわめて複雑な事案が少なくないであろうし、したがって、調書作成が困難をきわめる場合が多いと思われる。ここでは、あまり複雑なものでは、理解に困難であると考えて、一応典型的な型を示したにすぎないから、これを骨子として、研究されたい。なお、後述の失火の実況見分調書の記載例（☞189頁参照）も参考とされたい。

2　記載例では、一箇所を挙げて指摘する程の欠点も認められない。火災の場合には、どうしても焼ける以前の現場の状況をある程度あらわしておかなければならず、そのためには、焼失以前の状況を知っている立会人に指示説明を求めなければならないことが多いであろう。ここでは、この「立会人の指示説明」を別項に記載し、その後にその指示に基づく「検証」を述べる形式によってみた。もちろんこういった形式によらず、強盗等の記載例（第2章☞143頁参照）のように、

ところどころに指示説明を折り込むやりかたでもよいわけである。

3　本件の調書では、カーテンについての記述に不十分のところがある。巻取りカーテンであれば、取りはずしても必ず横の巻上げ機がなお設置されてあるか、なくてもその設置の跡があるはずであるが、それについての説明がされていない点が、なお、不十分であろう。

第4節　記載例（その2）

次に、放火事件の検証調書を、もう一例、「**検証の経過**」のうちの「**被害の状況**」の部分だけ掲記してみよう。

これは、ある保険金詐欺の放火事件の検証調書の一部である。この調書は、6畳押入れのボロ切れにガソリンを浸し、かたわらに可燃物のコールタールを置いた放火装置発見の状況はよく記載してあるが、その他の状況があまり詳細に出ていない。

5 検証の経過

(1) 現場の位置

（省略）

(2) 現場付近の状況

（省略）

(3) 被害の状況

ア　土間の状況①

(ア) 表に面するコンクリート土間は間口６．３メートル、奥行４．５メートルあって，東方南側隅に奥への出入口の９０センチメートルの開き戸があり，その上部壁面に北側から電気メートル器１個，安全器２個が取りつけてある。この安全器を調べたが，２個ともヒューズは１５アンペアーヒューズ２本宛使用してあり，いずれも現存し，異常は認められない（写真№３のとおり）。

(イ) 消火直後であるため，土間には写真№４の示すように椅子６個，机３個，箱数個が散乱しており，西北側には通称３６リットル入石油缶の木箱（空のもの）が約４０個，後ろ向きに積み重ねてあって，その最前部に古い５ガロン入石油缶が４個置いてある（写真№５参照）。右（東）から２缶は保革油様の物が約半分くらい入っている。次の２缶にはコールタールと認められるものが，東から３番目のものに約２分の１，４番目のものに約３分の１くらい入っており，その上に消火時の放

【注意】
☞① 土間の状況についても、焼けた箇所、燻げた箇所があるのか、ないのかわからない。あればあるように、ないならないで、はっきりしないことを調書にあらわしておくべきである。

水と思われる水が若干入っていた（写真№6参照）。

(ウ) この土間の正面（西側）には，バス通りに出るガラスを入れた1.8メートル（2枚戸）の開き戸がある。土間の奥には，ほぼ中央に90センチメートルの廊下があり，右（南）側には順に玄関，台所，便所があり，左側には6畳と8畳の間が続いている。詳細は見取図第2に示すとおりである。

イ　居室の状況

(ア) 8畳と6畳の部屋は2間続きの畳敷の部屋で，天井，屋根裏等焼失②したため，畳上には灰，木炭，衣類，布団等の焼け残りが四散しており，消火の水を浴びて雑然としていて，写真№7および№8の示すとおりである。

　　立会人Bはこの6畳と8畳は4枚の襖で仕切ってあった旨説明したが，この襖は消失して原型はない。

(イ) 入口近くの8畳間，南側に高さ1.2メートルくらいのたんす2棹があったが，その東側はほとんど半焼である（写真№9参照）。内を開いてみると，居住者Aの妻の着物5枚位で，いずれも一部がくん焼していた。その東側に幅1メートルくらい，奥行1.5メートルの洋服たんすが1棹あるがこれも上方7，8分は焼失している（写真№10参照）。内部には焼け落ちた木片以外に何物も認められない。8畳間は6畳間寄りのか所が焼失の度合が甚だしく，東側の柱は立ってはいるが，そのほとんどが炭化してボツボツとひびわれており，8畳の間東側の腰板は，

【注意】

☞② 居室について、天井、屋根裏が焼失している旨の記載があるが、それがどのように焼失しているかを調書にあらわしておくべきである。

上半分は焼失し，下半分もほとんど炭化している③（写真No.11参照）。
(ウ) 6畳間の東側に間口1.2メートル奥行90センチメートルの押入れがあり，その8畳寄りのか所が焼失の度合が甚だしく，押入れの上下段を分ける中板は焼け落ちている。

押入れの入口の襖は全部焼失し，押入れ内下段には木片その他の燃えかすが山積している（写真No.12参照）。これを除去しながら，し細に調査すると，

a 6畳寄り角辺に麻布，紙2枚に包んだコールタール様の相当量燃えた残り約800グラムを発見した（写真No.13参照）。

b その付近やや東寄りに灰色の毛芯5センチメートルくらいのもの，黄土色の帯様のものの焼残り5，6センチメートルのもの，木綿下着その他衣類様のものの燃え残り4，5点の5センチメートル乃至10センチメートルくらいのものを発見した（写真No.14参照）。いずれもガソリン臭が認められた。

c その下部に当る部分は，松敷板が長さ10センチメートルくらい，幅8センチメートルくらいU型に焼け通っている（写真No.15参

【注意】

☞③ 8畳間も、調書に記載された箇所以外にどんな変化があったか、少しもわからない。これだけの火事でぜんぜん異状のないはずはないし、「焼失の度合が甚だしい」といっても、何に比べて甚だしいか、その比較をするのにも、他のところの状況を明らかにしておくべきである。そうして、この8畳間の6畳寄りが焼失が甚だしいことを調書上明らかにし、読んだ人に発火点がその付近であることをわからせるように書いていくべきである。

6畳間の記載についても同様なことがいえる。6畳間については、押入れの記載があるだけで、いったい他に何があったのかすら書いてない。

照)。

　　　d　その付近東寄りに、古い座布団かわに、前記aのものと同質と認められるコールタール様のもの約６００グラムを発見した（写真№１６参照)。

これらは、いずれも証拠物件と認められるので、別紙押収調書記載のように押収した。

立会人Ｂは

　　その布団かわは、従来使用していたものであったが、本年２月新しい銘仙地のものと取り替え、不用になったので、この押入れに入れておいたものであり、コールタールが付着した原因は全くわからない

と説明した

　　　e　なお、前記押入れ最下部南寄りに中古畳表約半畳分が敷いてあったが、これもその西側の端にコールタール様の油の痕跡が著しく認められた（写真№１７参照)。

　㈡　６畳、８畳間の電灯線は全部焼失し、裸線となっているが、どこにもショートした形跡は認められない。(見取図写真省略)④

【注意】

☞④　電灯線に異常のない旨を記載して、漏電の疑いを一掃している着眼はいいが、肝心のこの電灯線がいったい何処にどのように配線されていたかが何も記載されていない。せっかくここまで書いたなら、今一歩進めて配線の状況を明らかにしておくべきである。

第5章　失火事件実況見分調書

第1節　失火事件実況見分調書の留意点

　失火事件の検証又は実況見分調書は、放火について述べたことと全く同じことが、あてはまる（☞177頁参照）。ただ、放火事件では、それに失火の疑いがないかどうかを頭に入れておくことが必要であるが、失火の場合はこれとは逆に、放火の虞はないかということを常に念願において考え、調書の作成にも、これをあらわして行かねばならない。その点が違うだけである。

第2節　記載例

　この記載例は、テレビの部品を作っていた工場が平成○○年4月18日の午前7時頃突然火を発して燃えてしまった事案で、ここの4畳に住みこんでいたHのたばこの火の不始末として、Hが立件送致されたが、結局Hの過失であるという極め手がなく、そのまま不起訴になった事件である。

様式第46号（刑訴第197条）

実 況 見 分 調 書

平成〇〇年4月29日

警視庁池上警察署

司法警察員　警部補　銭形半七　印

　被疑者不詳に対する失火被疑事件につき，本職は下記のとおり実況見分をした。

記

1　実況見分の日時

　　（省略）

2　実況見分の場所，身体又は物

　　（省略）

3　実況見分の目的

　　（省略）

4　実況見分の立会人

　　（省略）

5　実況見分の経過

⑴　現場の位置並びにその付近の状況

　　現場は，第三京浜国道を南下し（五反田方面より横浜方面に向かって），東京急行電鉄池上線のガードを過ぎて，大田区調布林町65番地先（京浜急行バス林町停留所付近）を西方に折れ，前記池上線線路に沿う幅約2メートルの道路を約100メートル進み，第1の四つ角を南方にまがり，幅約2メートルの道路を南に約20メートル進んだ東側にあり，同区調布林町82番地で，その付近には一般の住居が密集している。

現場は，矢田製作所こと福山忠方工場兼住居で，敷地は約２４７.５平方メートルである。東側はＡ方住居（２階建木造１戸建）で，全焼しており，北側はＢ方工事場兼住居（木造平家２戸建）南側はＣ方住居（木造平家１戸建）およびＤ方住居（木造２階１１戸建）で，Ｂ方およびＣ方はそれぞれ半焼している。
①
　　西側は約２メートルの道路をへだてて，被害者矢田製作所事務所木造平家１戸建の建物があるが，これには異常はない。この詳細は見取図１のとおりである。
(2)　現場の模様
　ア　現場は，敷地約２４７.５平方メートルで，その周囲は，西側道路に面して，木製の板塀があつたことがわずかに認められる。この板塀はほとんど焼失している（写真№２参照）。その南の角に幅３.６メートルの両開きの木戸が焼け残っている（写真№３参照）。この木戸は内側はほとんど炭化し，ところどころひび割れているが，外側は焦げる程度であまり異常はない。
　　　南側は，その西寄りの約７メートルくらいが前記Ｃ方住居に接し，東寄りの約１０メートルくらいはまばらな生垣で仕切ってあり，これより約１メートルへだてて南方にＤ方の住居がある。この生垣の内側の部分は葉が褐色に枯れ，火気に当ったものと認められた。東側は，低い約１メートルくらいの竹垣をへだててＡ方があるが，その北に近い部分は，全焼して，わずかに家屋の柱を残すのみであり，北側は板塀でＢ方とへだててい

【注意】
☞①　火元の見分だけやって，類焼したＡ，Ｂ，Ｃの家屋についてぜんぜん見分していない。

たものの如く，東寄りのところにわずかにその残骸を残しているが，他はすでに焼失してしまっている（見取図2参照）。

イ　現場に西側の木戸付近から入ると，東西に細長い空地になっている。この空地は間口約4.5メートル，奥行約13.5メートルあり，その左（北）側が，火災現場の建物である。この空地には，全体に焼けた柱，トタン板，機械等が散乱している②（写真No.4参照）。

ウ　現場建築物について③

立会人福山忠は

建物はトタン屋根の平家建で，建築面積約138.6平方メートルであり，南向きに建てられていた。ここには南側中央部に2.7メートル突き出て事務所があり，その東側に仕上作業場，更衣室が並び，更衣室北側に4畳の工具居間があった。さらに建物東北隅に3畳の工具居間があったが，その外は全部作業場となっていて機械が入っていた

と説明したので，それに基づいて，見取図2を作成した。仕上作業場の南側に，幅90センチメートル高さ1.8メートルと思われるガラス戸が1枚南側空地に倒れ，ガラスはほとんど破損し，桟および腰板を残すのみで，上部はほとんど焼損している（写真No.5参照）。

立会人Hは

このガラス戸は，仕上作業揚から空地に出る出入口の2枚戸のうちの1枚で，私が火を見つけ，表に逃げる時，体当りで倒したものである。

と説明した。

【注意】
☞②　火元について，発火点がどこであるかを明らかにしていない。
☞③　電気の配線関係の調査にも，まったく留意していないようである。

現場建物の跡は，ところどころ柱を焼け残しているのみで，垂木は東方に倒れ，作業場内焼跡には，旋盤，セーパー等の機械の上に棟木，天井等の焼損した炭，焼トタン等がいっぱいに積み重なっている（写真№6，7参照）。

エ　作業所の，南に近く事務所に接近したところ，旋盤の下に石油ストーブが東方に横転している。その部品の一部は，その周辺に散乱している（写真№8参照）。このストーブの開閉弁ハンドルを試みに動かしてみると右に約13度回転可能であり，左には自由に回転できる。

オ　事務所内部の焼跡には，石油缶4個その他やかん等が散らばっている。これらはいずれも外側は焼けただれているが，内側には焼損は認められない。

カ　前記作業場内の事務所寄りにある旋盤の上下にモーターが横木に取りつけられたまま，転倒しているが，その接着部には10センチメートル角の台があり，配線のコードはそれぞれ根元で切断されている（写真№8参照）。

キ　現場，東北隅の3畳間には，寝具2組が畳と共に床下に焼け落ちている（写真№9参照）。その部屋の入口（西側）の敷居は下側深さ約3センチメートルくらいに炭化しており，上部の炭化は1センチメートルくらいである。その敷居の下に，鉄の丸棒（長さ1メートル径4ミリメートルくらい）3，4本あり，その上に油の浸みた毛布，作業衣，布片等がそれぞれ一様に半焼損して積み重なってあった（写真№10参照）。

　　（以下，証拠物件，気象状況，写真等　省略）

194 第2編 各 論

見取図1

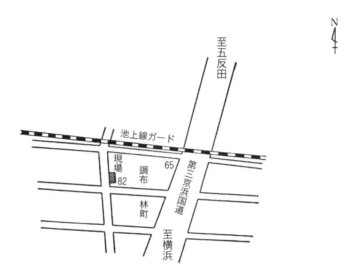

見取図2

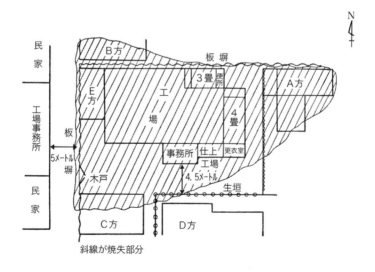

第6章　窃盗事件実況見分調書

第1節　窃盗事件実況見分調書の留意点

　窃盗事件といっても、忍込・空巣・置引・万引・すりといったように、各種の態様がある。したがって、窃盗現場に臨んでの実況見分や検証も、その態様が異なるにつれて、その観点が異なってくるであろう。たとえば、「**屋内盗**」であれば、犯人の侵入口、逃走口が問題であるし、「**すり**」であれば、犯人と被害者との位置関係に考慮を払わなくてはならない。

　しかし、結局被害ということでは、いずれも財物を盗られるという点で、共通点を持っているのである。したがって、検証調書や実況見分調書を作成する上においても、常に「どのような状況にあった財物が、どの様な状況で無くなったか」という点を明瞭にして行かなければならない。その上で、各態様、各手口に応じて、調書を作成し、読む人が一見直ちに了解できるように、考慮しておくべきであろう。

　この記載例は、割合に簡単な事件であって、これまで、他の記載例について述べたこと以外に、特に注意することもないと思う。

第2節　記　載　例

　この事件は、いわゆる忍込窃盗の事案で、平成〇〇年11月10日朝、仙台市〇区〇

○町80番地の会社員武田政宗方で、起きてみたら泥棒に入られていたので、あわてて所轄署に届け出た。所轄署では署員がだだちに現場に急行し、実況見分を行なったものである。この犯人はその2週間くらいあとで、職務質問によって、仙台市内の某署員に逮捕された。

様式第46号（刑訴第197条）

実 況 見 分 調 書

平成○○年11月20日

仙台市○○警察署

司法警察員　巡査部長　甲川一郎　印

　被疑者不詳に対する窃盗被疑事件につき，本職は下記のとおり実況見分をした。

記

1　実況見分の日時

　　平成○○年11月9日午前9時から

　　　　同　　　　日午前10時50分までの間

2　実況見分の場所，身体又は物

　　仙台市○区○町80番地

　　　　武田政宗方居宅及びその周辺

3　実況見分の目的

　　犯罪の場所，時間及び犯行の手口を認定するため

4　実況見分の立会人（住居，職業，氏名，年齢）

　　仙台市○区○町80番地

　　　　武田政宗妻　武田信子（30歳）

5　実況見分の経過
　⑴　武田政宗方の位置およびその状況
　　　現場は大成寺山の南側で，日向になっている地帯である。市営バス三ノ橋停留所より向山線八木山入口停留所の東側の高台で，大成寺谷地とも称し，最近住宅地として，分譲建築した住宅地帯である。北側は大成寺山で，南方は八十山の窪地になっている。バス向山線の通る道路は多少南に向かって下り勾配になっていて，下り切ったところ左（東）側に杉浦製作所がある。この南側の幅員２メートルの道を東に約３０メートル進み，右（角）折して，さらに３０メートル南進し，突き当って東折し，約１０メートル進んだところの南側が，被害者武田方である。
　　　同家の東側は，幅約２メートルの路地をへだててＣ所有の空地であり，西側は板塀をへだててＡ方住居がある。南側は幅約１．５メートルの路地があってＢ家の住宅であり，北は幅約２メートルの道路で，その北側にＤ方およびＥ方の住居がある。詳細は別紙見取図第１のとおりである。
　⑵　武田政宗方の模様
　　　武田方は，敷地約２９７平方メートル，四周に高さ約２メートルの板塀を回らせ，門は東側，Ｂ方とをへだてる幅約２メートルの路地に開いている。門には，高さ２メートル幅約９０センチメートルの２枚の木製の扉があり，見分時には左右に開かれていた。この扉は閂で施錠できるようになっている。立会人武田信子は，「門は平常夜間は施錠しており，昨夜も午後９時に締めたが，今朝，５時に出てみたら，閂ははずされ，北側の扉が半分くらい開いていた。」と説明したので，立会人の指示に基づき，扉を発見当時の状況に復原して撮影した（写真No.２参照）。門の西側扉のほぼ中央部に，足跡とも思われるように泥跡が２個ある（写真No.３参照）。立会人は

「昨夜までこのようなものはついてなかった」と述べた。

　北側の板塀の西隅に幅1メートルの裏木戸があって，D方前の道路に通じている。前記の木戸および周囲の板塀の内周，外周ともに特に記するような異常なところは認められない。武田方家屋は，この敷地の北寄りに，南向きに建てられた間口12.6メートル，奥行6.3メートル（建坪82.5平方メートル）の木造平家で，東から6畳，6畳，6畳，台所の順になっており，玄関はほぼ中央にある。その間取りは見取図第2のとおりである。玄関の西側は長さ3.6メートルの縁側で外雨戸としてガラス戸4枚がたてられてある。

ア　庭の模様

　家屋の南側は，約165平方メートルの空地で植木等を植え，庭になっている。玄関の西隅より西南に幅約3.8メートル，高さ約2メートルの竹垣が作ってあるが，この竹垣の南方20センチメートルのところに地下足袋の跡と思われる足跡3個を発見した（写真№4参照）。また，玄関西に続く廊下の前，玄関より西に1.2メートル，廊下より南30センチメートルのところに，前同様の足跡2個を発見し，その周辺にたばこの吸いがら1個が放置されているのを認めた（写真№5参照）。

イ　屋内の模様

(ｱ)　縁側の東端、開き戸の前に、地下足袋で上った足跡と思われる泥跡が1か所認められた（写真№6参照）。

(ｲ)　東側6畳間は，客間に使用していると立会人は述べているが，北側に床の間および押入れがあり，中央に径1メートル位の円いテーブルが1個置いてある。押入れは間口90センチメートルで，これを開くと，茶箱，りんご箱等が入れてあるが，物色の模様は認められない。

(ウ)　中央6畳間は，寝室兼居間で，立会人の説明によると，昨夜ここに，家人4人（被害者夫妻，長男，長女）が東枕に就寝していたところである。北側に1.8メートルの押入れがあり，開くと上，下段に寝具が入れてあった。

(エ)　西側6畳間は，食堂兼居間であるが，ここは金品物色の状況が明らかに認められる。北側に1.8メートルの押入れがあり，その東に90センチメートルの仏壇が作りつけになっている。仏壇の下は高さ90センチメートルの物入れであるがその表戸は西側に開かれている（写真No.7参照）。

　押入れは，襖が開放され，内より衣類，布切れなどが引き出されて，押入れ前に散らばっている（写真No.8参照）。部屋の中央に柳行李が1個あり，蓋は取り除かれ，中には衣類が雑然と入れられている（写真No.9参照）。座敷の西側，台所に通じる襖の北側に高さ1.8メートルのたんす1棹が置いてあるが，この引き出し4個はことごとく約10センチメートル程引き出されたままになっている。内は4段とも衣類で，ことごとく雑然と入れてあった（写真No.10参照）。この部屋の障子，襖の状況は別紙見取図第2のとおりである。

　　立会人武田信子は
　　　今朝，5時頃私が炊事に行こうと，隣の寝室からこの部屋に入ると，このように物が散乱していたので，泥棒に入られたと思ったのです。直ぐ，お金を入れておいた仏壇の引出しを開けたところ，昨夜確かに入っていた現金2万円と約10万円位の郵便貯金通帳が無いのがわかりました。すぐ主人を起こしたところ，主人は『そのままにして，すぐ警察に届けたほうがよい』というので，お知らせしたしだいです。

　　　　　仏壇の引出しを除いては，全部そのままで，少しも手をつけておりません。この行李は，押入れの下段に入れてあったものです。また，この部屋の襖，障子は全部閉めて寝たのですが，押入れの襖，台所に通ずる襖は開け放しになっており，廊下の障子も，1番西側の1枚が開けてありました。

　　　と説明した。

　㈹　台所は西側に流しがあり，南側は4段の棚で，鍋，釜その他炊事用具が置いてあるが，とくに異常は認められなかった。風呂場よりに1.65平方メートルの土間があり，そこより外に出る口に，ガラス戸が建て付けられているが，これは20センチメートルくらい開かれたままになっている（写真№11参照）。立会人武田は，この戸も閉めて，差込錠をしておいたものであると説明した。

　㈹　その他玄関，風呂場等については，別に異常は認められない。

　㈸　戸締りの模様

　　　以上述べた以外に，戸締りについては，立会人武田信子は，「廊下のガラス戸も，全部差込錠で，昨夜は全部錠をして寝たのですが，今朝見ると廊下の1番東隅のガラス戸の錠がはずされ3センチメートルほど開いていました」と述べた。

ウ　被害金品

　　立会人武田信子に被害金品の有無について質問すると，仏壇の引出しから

　　①　現金　2万円（千円札20枚）
　　②　郵便貯金通帳（預金高10万円位）

が無くなっており，たんすの上段の引出しから

③ 男物金側懐中時計（スイス製）

が無いので，盗まれたと思うが，衣類等は調べた上，後で届け出ると申し立てた。

(3) 証拠資料

本見分の補助をさせた当署巡査乙野三郎は以下のとおり指紋を採取した

① 西6畳間仏壇引出しより　2個

② 同たんす引出しより　3個

③ 廊下の障子取手より　1個

また，前記玄関横および廊下前の庭に認められた足跡合計5個は，これを採取した。その他証拠物件と認められる物は見当らない。

（以下，天候その他省略　見取図別紙）

見取図1

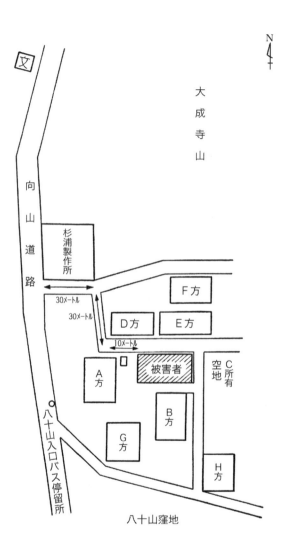

見取図2

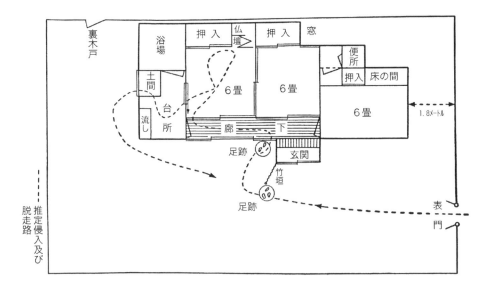

第7章　特殊な検証調書・実況見分調書

　前章までに検証調書、実況見分調書についてその代表的なもの6例をあげて説明したが、第1編でも述べたように、検証、実況見分は各種各様であり、しかも、その目的によって違い、事案によって異なるのであるから到底その一つ一つについて説明することはできない。ただ、今まであげた例は、いずれも犯行現場に臨場しての、すなわち、臨検事件の検証調書等であるから、多少これと趣を異にするものを一、二あげてみよう。

第1節　所要時間の実況見分調書の記載例

　この例は、第3章（☞162頁参照）に挙げた若妻殺しの事件で、容疑者である夫が、犯行時間には帰宅していなかった旨を主張して、その当日勤務先を出てからの経路を述べるので、その間の所要時間が問題となり、実施されたものである。

様式第46号（刑訴第197条）

実 況 見 分 調 書

平成〇〇年7月8日

警視庁大塚警察署

司法警察員　警部　蒲田一郎　印

補助者　同署　司法巡査　　　　目黒二郎　印

　　　　同署　司法巡査　　　　渋谷三郎　印

　被疑者中田太郎に対する殺人被疑事件につき，本職は下記のとおり実況見分をした。

記

1　実況見分の日時

　平成〇〇年7月8日午後0時50分から

　　　　　同　　　午後2時15分までの間

2　実況見分の場所，身体又は物

　東京都中野区大塚4丁目東京貯蓄銀行中野支店より，同区大塚7丁目1914番地中田太郎方旧宅，同元中田方より同区大塚4丁目403番地小田松吉方，小田方から4丁目631番地杉並五郎方に到るまでの間

3　実況見分の目的

　(1)　東京都中野区大塚4丁目東京貯蓄銀行中野支店より同区大塚7丁目1914番地被疑者元中田太郎旧宅に到着するために要する時間

　(2)　前記中田方から同区大塚4丁目403番地石屋小田松吉方に到着するために要する時間

　(3)　前記小田方から同区大塚4丁目631番地古物商杉並五郎方に到着するために要する時間

を明らかにするためである。

4　実況見分の立会人

　（省略）

5　実況見分の経過

(1)　東京都中野区大塚4丁目所在東京貯蓄銀行中野支店より元中田太郎方に到る通常の経路は次のとおりである。

　　　銀行支店－徒歩－小田松吉方－徒歩－都バス庚申塚停留所－バス－

　　　－都バス大塚停留所－徒歩－岡村葬儀店－徒歩－元中田太郎方

なお，大塚7丁目1972番地所在，岡村葬儀店の前までは，タクシー等の乗物を使用することもできるが，ここから元中田方までは道幅がせまく，3メートルくらいしかないので，乗物は使用できない。したがって徒歩である。

(2)　したがって，各々その間の費消時間を往復繰返し測定したところ，次のとおりである。

　ア　(ア)　東京貯蓄銀行中野支店から小田松吉方まで（徒歩）

　　　　　第1回　2分15秒

　　　　　第2回　2分11秒5

　　　(イ)　小田松吉方より都バス庚申塚停留所まで（徒歩）

　　　　　第1回　47秒

　　　　　第2回　46秒

　　　(ウ)　都バス庚申塚停留所より同大塚停留所まで（バス）

　　　　　3分23秒

　　　(エ)　都バス大塚停留所より岡村葬儀店角まで（徒歩）

　　　　　第1回　5分45秒4

　　　　第２回　５分４７秒６
　　(オ)　岡村葬儀店角より元中田太郎方まで（徒歩）
　　　　第１回　５５秒２
　　　　第２回　５３秒８
　イ　岡村葬儀店角より小田松吉方まで（自動車）
　　　３分５秒
　ウ　都バス大塚停留所より小田松吉方まで（徒歩）
　　　第１回　１１分１９秒２
　　　第２回　11分4秒2
　エ　小田松吉方より杉並五郎方まで（徒歩）
　　　第１回　２分２１秒６
　　　第２回　２分１５秒

前記の時間を測定した基点およびその詳細は次のとおりである。

アの(ア)は，東京貯蓄銀行中野支店の東脇の行員出入口の軒下から小田松吉方前に着くまでの徒歩に要する時間である。

　小田方は大塚警察署前通りと中野地蔵尊前通りの交差する西北角にある。警察前通りに面した方は石屋（東側），地蔵尊前通に面した部分は荒物屋（南側）であって，この調書で小田方前というのは，この荒物屋の中央軒下をいう。

アの(イ)は，小田方前より都バス庚申塚停留所の大塚方面に行く停留所に到るまでの徒歩に要する時間である。

アの(ウ)は，都バスのステップに足をかけてから，大塚停留所で下車するまでの所要時間である。

アの(エ)は，大塚停留所から岡村葬儀店の南角までに徒歩に要した時間であ

る。

　ア の(オ)においては，元中田太郎方の門のあったところ（現在は家を取り壊し，トタン塀で囲ってある。）から出て，幅３メートルの道路を西に進み，バス通りに出るが，その北側の岡村葬儀店の南角まで徒歩に要した時間である。

　イ は，当警察署の乗用自動車を使って，時速３２キロメートル乃至４０キロメートルで運転し，岡村葬儀店前でエンジンをかけて走り出し，小田方前交差点中央までに要した時間を測定したのである。しかし，途中大塚停留所付近では，自動車の交通量が相当あったので，あまりスピードは出せなかった。

　ウ は，大塚停留所の庚申塚方面行地点から小田方前までの徒歩に要した時間である。途中に坂が一か所あるが，徒歩の速力には影響はなかった。

　オ は，小田方前から杉並五郎方店舗の中央軒下まで徒歩に要した時間である。

　　なお，当日は快晴であった。

本実況見分の結果を明確ならしめるため，見取図１葉を作成して，本調書末尾に添付した。また，前記の時間の測定には，ストップオッチを使用した。

（見取図省略）

第2節　見通し状況の実況見分調書の記載例

　この事例は、あるデパートの子供服売場で客の手提袋から財布を抜いたところを、店の監視員が目撃して逮捕したという事件で、被疑者は監視員のいた場所から犯行が目撃できないと争ったものである。その現場を実地に調査したものである。

5　実況見分の経過
　(1)　松越百貨店3階売場の状況
　　　　松越百貨店は，地上8階地下2階の鉄筋コンクリート建築で，その3階は婦人服・子供服・呉服・婦人肌着・子供肌着類等の売場になっている。東側および北側の階段ならびに南側隅および西北隅にあるエレベーターで2階および4階に通じ，また，中央付近にあるエスカレーターで2階よりこの階を経て，4階に行けるようになっている（見取図参照）。
　(2)　盗難の場所，監視人中野十郎の目撃した場所，被疑者，中野十郎の行動経路等の状況
　　ア　盗難の場所
　　　　被害者が手提袋を置いたというところ（a点）は，2階南西隅寄りの子供服売場の南側壁際に設けてある高さ床上50センチメートルの子供服かけスタンド置場の上であり，盗難の際，被害者が子供服を見ていたというところ（b点）は，その東側であって，これらの位置、付近の状況および被害者が再現した手提袋を置いた状況は，別紙見取図および写真№1のとおりである。
　　イ　盗難場所付近における被疑者および監視人中野十郎の行動経路
　　　　中野十郎が挙動不審の被疑者を発見したというところ（d点）は，3階

東側階段に近い紳士婦人オーバー売場の北側の通路で，その時被疑者が立っていたというところ（c点）は，前記子供服売場の子供オーバーかけスタンドの北側付近である。中野が監視のため近寄り，前記のa点に手提袋が置いてあるのを見て，犯人がそれをねらっているなと感じたというところ（e点）は，子供服売場の北側の肌着売場の北東の角，さらに近寄って被疑者の挙動を監視し，その盗取するところを目撃したというところ（f点）は，子供服売場の北西側にある肌着を陳列しているショーウインドウの南西の角であって，それらの場所，その付近の状況および被疑者が盗取前後に行動し，中野がこれを尾行としたという経路等の状況は見取図に表示したとおりである。

ウ　d点からc点までの距離と見通し

　　前記d点からc点まで距離は15メートルである。この2点の間には紳士・帰人オーバー売場のマネキン人形およびオーバーかけスタンド，学生服売場の陳列台等があるが，d点からc点にいる大人を見るときは，それらの上方にその大人の上半身を見ることができる。その見通しの状況は写真№2のとおりである。

エ　e点からa，b点までの距離と見通し

　　前記のe点からa点までの距離は12.2メートルである。この間は通路であって，見通しをさえぎるものはなく，e点からはa点に置いた手提袋を真正面に見ることができる。また，e点からb点までの見通しもほぼこれと同様であり，さらにc点付近にいる大人の上半身も見ることができる。それらの見通し状況は写真№3のとおりである。

オ　f点からa点までの距離と見通し

　　前記のf点からa点までの距離は9.5メートルである。この2点の間

は子供服かけスタンドと壁際の毛布陳列台との間の通路であって，ｆ点の床上６０センチメートルのところからａ点付近を望むと，被害者が置いた手提袋の真中から後（南壁側）半分は，毛布の陳列台にさえぎられて見えないが，前半分とこれを置いてある台の前付近およびｂ点付近は，前記の毛布の陳列台とスタンドの間から，これを見通すことができる。その見通し状況は写真№4のとおりである。中野十郎が再現した盗取当時の被害者の位置および見通し状況は，写真№5のとおりである。なお，ｆ点に立って見た場合の見通し状況もだいたいこれと同様であって，写真№6，7のとおりである。

(3) 店内の買物客の状況

　実況見分当時，店内は年末売出中であったが，開店早々の時刻であったためか，３階には買物客の姿が少なく，各売場ともにわりあい閑散であった。たゞし，子供服売場付近は同階の他の売場に比較すると，客の出入りが多かったように見受けられる。

　（写真省略）

212 第2編 各 論

見取図

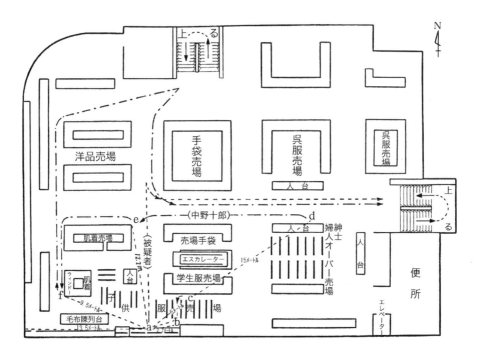

第3節　隠匿物等発見のための検証調書の記載例

窃盗犯人が盗品を隠匿したり、殺人犯が凶器を投棄したりすることはよくあることであるが、この隠匿場所等を犯人が自供し、捜査官がその自供に基づいて当該箇所を捜査したような場合に、その捜査をして捜索差押調書を作ったり、捜査報告書を作ったりしているのが、通例であるが、むしろ、こういった場合には、検証や実況見分によってその証拠物の発見時の状況を記録にとめておく必要がある場合が多いであろう。

この例も、ある殺人犯人がそれに使用した拳銃を、女と泊った上野の旅館の天井裏に匿したと自供したのに基づいて、捜査発見した事案である。

5　検証の経過

(1)　現場の位置および付近の模様

　　現場は上野駅南方約300メートル、上野警察署の西南方約400メートルの地点で、付近は旅館、商店等が密集している。

　　現場の小田旅館こと高田平治方は東京都台東区車坂50番地で、その北側は第2小田旅館別館であり、西側は石山酒店、浜川旅館が接しており、東側は幅8メートルの道路をへだてて、旅館吾妻こと田中忠方に面し、南側は空地である（見取図1および2参照）。

　　小田旅館こと高田平治方は、幅員約8メールのアスフアルトで舗装した通称駅前通りに面し、その西側に建てられた間口9.9メートル奥行22.5メートルの木造瓦葺2階建で、その間取り等の状況は見取図3に示すとおりである。

(2)　2階の牡丹の間の模様

ア　部屋の位置

　被疑者大関正義が，平成〇〇年２月３日夜宿泊したという牡丹の間は，前記高田方２階北側中央の部屋で，階下布団部屋と便所の間の階段を上ると，左（西）から梅（４畳半），寿（６畳），牡丹（４畳半），鶴（６畳），桐（４畳半）の間の順に「コの字」形に客室がある。牡丹の間はその中央の部屋である（見取図３および写真№２のとおり）。

イ　部屋の模様

　この部屋の南側の襖を開くと，畳敷き４畳半で，南北２.７メートル，東西１.８メートルあり，南側は２枚の襖で，北側に１.３５メートルの床の間及び出格子があり，西側は白壁で，東側は北寄りが９０センチメートルの押入れであり，南寄り１.８メートルが壁になっている。押入れの入口は開き戸になっていた（見取図４参照）。

　部屋の中央には，約８０センチメートル角の黒塗りテーブルが１個置いてあり，その上には丸型陶器製の灰皿が１個ある。

　床の間は間口１.３５メートル奥行６０センチメートルで，畳より６センチメートル高くなっており，掛軸はなく，電気スタンドと水盤にスイトピーの花がいけてある。

　北側の出格子の上には，ベビー鏡台１台と屑籠が１個置いてあった。

　出格子は間口１.３５メートルで，２枚のガラス戸が建付けられており，下部は高さ９０センチメートルの開き戸になっており，これを開くと中には中古雑誌１冊（文芸春秋１０月号）があるだけであった。

　詳細は写真№３乃至№５に示すとおりである。立会人高田平治は，この部屋の模様や調度は２月３日当時と変りはないと説明した。

ウ　押入れの模様

東側北寄りの押入れは，開き戸になっており（写真№6参照），これを開くと，上段下段に分かれ，上段には敷布団2枚，掛布団2枚，毛布2枚，枕2個が積み重ねられ，下段には，小型東芝製電気ストーブ（600ワットのもの）が1台入れてあった（写真№7参照）。前記の上段の布団類を除き，内部を検するとこの押入れは90センチメートル四方のもので，高さは入口において，1.8メートル，内部において2.7メートルある。中板は杉の15センチメートルの板になっている。

　天井は北から順に3枚の杉板が並んでおり，北から2枚は釘づけされているが，一番南寄りの1枚は釘づけされておらず，取りはずしができるようになっていた。その状況は写真№8に示すとおりである。この天井板を除いて，天井裏を検すると，そのすぐ北，ちょうど中央の天井板の上に，風呂敷ようの布に包んだ長さ15センチメートル，横10センチメートルくらいのものが置いてあるのが認められる（写真№9参照）。

　これを取り出して見ると，外側は紫色の風呂敷であり，これを開くと白いガーゼに包んだコルト式50年型拳銃1丁があったので，平成〇〇年2月2日付東京簡易裁判所裁判官国野茂の発した捜索差押令状により，別紙捜索差押調書記載の如く差し押えた。なお，奉銃の状況は写真№10のとおりである。

　立会人高田平治，同桃井花子（係女中）はいずれもこの拳銃には見覚えがなく，このようなものがあるとは意外であると述べた。また，前記天井裏には，前記拳銃以外には，別に異状は認められなかった。

　立会人高田平治は，宿帳によると，平成〇〇年2月3日夜，前記牡丹の間に投宿したのは，

　　会社員　高原良夫（30歳）

　　　　同妻　みき（２１歳）

となっており，宿泊時間は同月３日午後１０時より４日午前１０時まで，宿泊料５，０００円受領済になっていると説明した。

（以下　見取図，写真等　省略）

第4節　身体検査調書の記載例

最後に身体検査調書の記載例を一つ挙げておこう。この実例は、ある強盗犯人が、強奪した金品のうち、宝石類は情婦に渡したと自供したが、逮捕当時犯人がこの情婦と同棲していた下宿先は、犯人の持物と情婦のものとを問わず、全部捜索して何も発見されなかったので、情婦が身につけているという疑いが濃くなり、令状を得てその情婦の身体を検査したものである（第1編第1章第6節「**身体検査**」☞40頁参照・第1編第2章第9節「**身体検査調書**」☞111頁参照）。

1　盗品等の発見

様式第44号（刑訴第218条，第222条）

身　体　検　査　調　書（甲）

平成〇〇年4月2日

警視庁丸の内警察署

司法警察員　警部補　池田大助　印

　被疑者石川次郎吉に対する強盗被疑事件につき，本職は平成〇〇年4月1日付け東京簡易裁判所裁判官大岡越前の発した身体検査令状を下記被検査者に示して，下記のとおり身体検査をした。

記

1　身体検査の日時

　　平成〇〇年4月2日午前9時10分から午前9時45分まで

2　身体検査の場所

　　東京都千代田区　丸の内警察署

3　身体検査を受けた者（住居，職業，氏名，年齢，性別）

　　　　東京都台東区浅草2丁目3番地1号　簡易旅館ちどり内

　　　　職業　女工　桜田松子（女）

　　　　昭和〇〇年1月11日生（31歳）

4　身体検査の立会人（住居，職業，氏名，年齢）

　　　　東京都千代田区丸の内〇丁目〇番〇号　日出ビル内

　　　　医師　足柄桃子　印

　　　　昭和〇〇年5月5日生（41歳）

5　身体検査を必要とした理由

　　桜田松子の内縁の夫石川次郎吉は前記桜田に盗品である宝石を保管させたと供述しているので，その所持の有無を検査するため

6　検査した身体の部位

　　桜田松子の着衣および身体，特にその腹部

7　身体検査の経過

　　被験者は薄茶色の上衣，濃紺のスカートに白色のブラウスおよび下着類を着ていたので，順次これを脱がせて検査したところ，着用していた白色パンティ上部ゴムバンド部の腹部に接するところに，写真No.1に示すような縫い込みがあったので，これを切り開いてみたところ，内部に

　　　　1　ダイヤ　3個（いずれも1カラット位のもの）

　　　　2　真珠　5個（首飾り用のもの）

が縫い込まれているのを発見した。その状況は写真No.2の示すとおりである。前記は被疑者石川次郎吉の自供する盗品に符合するものと認められるので別紙差押調書記載のごとく差し押さえた。

　　なお，本身体検査の経過を明瞭ならしめるため，当署鑑識係司法巡査甲山次夫の撮影した写真2葉を調書末尾に添付する

(写真　省略)

2 **身体的特徴の確認（入墨の確認）**

様式第45号（刑訴第220条，第222条）

身 体 検 査 調 書（乙）

平成〇〇年8月11日

警視庁　新宿警察署

司法警察員　巡査部長　石原錦之助　印

　被疑者花山小吉に対する恐喝等被疑事件につき，本職は刑事訴訟法第199条の規定により被疑者を逮捕するに当たり，その現場において，下記のとおり身体検査をした。

記

1　身体検査の日時

　　平成〇〇年8月11日午後3時30分から午後4時40分まで

2　身体検査の場所

　　東京都新宿区〇〇3丁目8番1号　笹川桃太郎方

3　身体検査を受けた者（住居，職業，氏名，年齢，性別）

　　住居　不定

　　人夫　花山小吉（34歳）

4　身体検査の立会人（住居，職業，氏名，年齢）

　　東京都新宿区〇〇3丁目8番1号

　　旅館業　笹川桃太郎（58歳）

5　身体検査を必要とした理由

被疑者は，千葉県銚子警察署より指名手配中のもので，同人の特徴として，背中に不動明王の入墨があるとの手配があったので，これを確認する必要がある。

6　検査した身体の部位

　被検査者の背部

7　身体検査の経過

　被検査者の上衣等を脱がせ，その背部を検査したところ，背中央上部に不動明王の入墨があり，左肩にかけて明王の利剣，右肩にかけて火焰の入墨が施されてあった。

第8章　簡易書式による実況見分調書の記載例

　実況見分調書は、「**司法警察職員捜査書類基本書式例**」に定められてある書式により作成しなければならない。

　しかし、前記の書式をすべての事件について例外なく要求すると、事務が煩雑となり、捜査の合理化・集中化の要請に支障を来すことにもなりかねない。

　そこで、特定の事件の場合に限り、必ずしも基本書式例の書式による必要はなく、最高検察庁の定めた「**司法警察職員捜査書類簡易書式例**」による簡易な書式によって、実況見分調書（検証調書は、除かれる。）を作成することができることとされている。

　この簡易書式例によることのできる事件は、犯行が単純であり、かつ、証拠の明らかなものに限られ、しかも罪種などにも制限があるが、実務上利用度の多い事件をあげてみると、たとえば、「**刑法犯**」では、

　　◦窃盗・同未遂（屋外窃盗・万引・かっぱらい・同居人盗・雇人盗）

　　◦傷害・暴行（偶発的犯行で凶器を用いないもの）

など、「**特別法犯**」では、

　　◦軽犯罪法違反（同法第１条違反）

　　◦酒に酔って公衆に迷惑をかける行為の防止に関する法律違反（同法第４条

及び第5条違反)

などについては、簡易書式の使用が認められているので、大いに活用すべきであろう。

　なお、特に注意しておきたいのは、この簡易書式は、あ̇く̇ま̇で̇も̇「書̇式̇」を̇簡̇易̇化̇す̇る̇だ̇け̇の̇も̇の̇で̇あ̇っ̇て̇、実̇況̇見̇分̇そ̇れ̇自̇体̇の̇簡̇易̇化̇ま̇で̇を̇も̇意̇味̇す̇る̇も̇の̇で̇は̇な̇い̇ことである。したがって、簡易書式に親しむ事件の場合であっても、その実況見分の実施に当たっては、すでに一般の実況見分の場合について説明したとおり、犯罪の成否などに重要な関係をもつ事項は洩らさず見分し、その結果を実況見分調書に記録する配意を忘れてはならない。

　次に簡易書式による実況見分調書の記載例若干を紹介する。

第1節　窃盗事件の記載例

【事案の概要】

> 　被疑者は、平成〇〇年1月25日ころ、東京都杉並区方南1丁目10番2号甲田和子方の庭において、物干等に干してあった、同女所有の衣類・下着など3点（時価合計約7,000円相当）を窃取したものである。

(簡) 様式第5号　　　　　　　　　　　　　　　　　　　　　　　　（その1）

実 況 見 分 調 書（甲の1）

平成〇〇年1月26日

警視庁杉並警察署

司法警察員巡査部長　乙野一郎　印

被疑者不詳に対する窃盗被疑事件につき，本職は，下記のとおり実況見分をした。

日　　時	平成〇〇年1月26日　午後1時20分から　午後1時50分まで
場所，身体又は物	東京都杉並区方南1丁目10番2号　甲田和子方及びその付近
目　　的	犯行の場所・状況を明らかにして証拠を保全するため
立　会　人 （住居，身体， 氏名，年齢）	東京都杉並区方南1丁目10番2号 飲食店従業員　甲田和子（25歳）
実況見分の経過	現場の位置	現場は，地下鉄方南町駅の南東100メートルの地点にある。
	現場付近の状況	現場は，商店街（通称方南銀座通り）裏手の住宅であり，付近は，人通りの多い繁華な場所である。
	現場の状況	被害者方は，南側の道路に面した木造モルタル平家建住宅であり，敷地の南東部分は庭で，その南側及び東側は，いずれも高さ1.5メートルの黄楊の生垣が設けてある。 1　南側の生垣のほぼ中央Ⓑ点が20センチメートル押し広げられたように変形しており，立会人は，「今朝10時ころ起きて，はじめて気がついた。」と説明した。 2　物干場は，Ⓐ点で，2本の丸太が立ててあり，これに竹竿が1本かけてあった。立会人は，「昨日の朝この

224　第2編　各　論

		竹竿が1本かけてあった。立会人は，「昨日の朝この竹竿に干しておいた被害届記載の衣類などが無くなっているのに，今朝起きて気がついた。」と説明した。
参　考　事　項		1　見分当時は晴天であった。 2　遺留品などは発見に至らず，足跡も判定不能であった。

（簡）様式第5号　　　　　　　　　　　　　　　　　　　　　　　　（その2）

現場付近の見取図	環状七号線／栄町通り／地下鉄方南町駅／方南銀座通り／約100メートル／現場　方位 N
現場の見取図	甲田和子方／玄関／Ⓐ Ⓑ／3.5m／6m／3m　方位 N

（注意）現場の写真は，別葉とし，撮影者をしてその職名を記入し，署名押印させること。

第2節　傷害事件の記載例

【事案の概要】

　被疑者は，平成○○年2月19日午後11時30分ころ，東京都品川区大井1丁目30番7号幸福荘アパート8号室丙野三郎方居室において，同人に対し，その頭部などを手拳で殴打し，その腹部などを足で蹴るなどの暴行を加え，よって，同人に全治5日間の傷害を負わせたものである。

（簡）様式第5号　　　　　　　　　　　　　　　　　　　　　　（その1）

実　況　見　分　調　書（甲の1）

平成○○年2月20日

　　　　　警視庁杉並警察署

　　　　　　　　司法警察員巡査部長　乙野一郎　印

　被疑者甲野一郎に対する傷害被疑事件につき，本職は，下記のとおり実況見分をした。

日　　　　　時	平成○○年2月20日　午前零時　5分から 　　　　　　　　　午前零時30分まで
場所，身体又は物	東京都品川区大井1丁目30番7号 幸福荘アパート8号室丙野三郎方居室
目　　　　　的	犯行の場所・状況を明らかにして証拠を保全するため
立　会　人 （住居，身体， 　氏名，年齢）	東京都品川区大井1丁目30番7号幸福荘アパート8号室 無職　丙野三郎（39歳）

実況見分の経過	現場の位置	現場は、JR大井町駅の西方約300メートルの地点で、本橋通りに面したアパートの一室である。
	現場付近の状況	現場付近は、人家の密集した住宅街であるが、人通りは少なく、閑静な場所である。
	現場の状況	1　幸福荘は、西向きの木造モルタル造り2階建アパート（10室）である。 2　現場は、上記アパート2階の8号室で、3畳の板の間と、6畳の和室の二間である。 3　立会人は、「最初座っていた位置は、私がⒶ、甲野がⒷです。甲野がⒷから矢印のように近づいて来て、Ⓐにいる私を殴ったり蹴ったりしました。」と説明した。ⒶとⒷの距離は、1.2メートルであった。
参　考　事　項		見分当時は晴天であった。

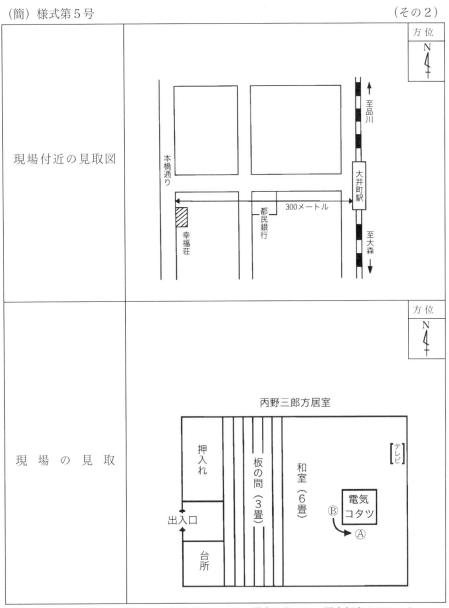

第3節　暴行事件の記載例

【事案の概要】

　被疑者は，平成○○年2月20日午後10時30分ころ，東京都世田谷区若林5丁目6番地先路上において，丙山三郎に対し，その胸ぐらをつかんで数メートル引きずり，その背部を足で蹴るなどの暴行を加えたものである。

(簡) 様式第5号　　　　　　　　　　　　　　　　　　　　　　　　(その1)

実 況 見 分 調 書（甲の1）

　　　　　　　　　　　　　　　　　　　　平成○○年2月20日

　　　　　　　　　警視庁世田谷警察署

　　　　　　　　　　司法警察員巡査部長　乙野二郎　印

　被疑者甲田一郎に対する暴行被疑事件につき，本職は，下記のとおり実況見分をした。

日　　時	平成○○年2月20日　午後11時　0分から 　　　　　　　　　　午後11時30分まで
場所，身体又は物	東京都世田谷区若林5丁目6番番地先路上
目　　的	犯行の場所・状況を明らかにして証拠を保全するため
立　会　人 （住居，身体， 　氏名，年齢）	東京都世田谷区若林5丁目7番3号 土木作業員　丙山三郎（29歳）

実況見分の経過	現場の位置	現場は，警視庁世田谷警察署の北西約１２０メートルの地点である。
	現場付近の状況	現場付近は，一般住宅街で，人通りの少ない閑静な場所である。
	現場の状況	1　立会人は，「①で胸ぐらをつかまれ，②まで引きずられて背中を蹴られた。」と説明した。同所は、幅員５.５メートルのアスファルト道路で，①から②までの距離は，８メートルであった。 2　立会人は，「そのあと，犯人は，②から走って逃げ，③で警察官に捕まった。」と説明した。②から③までの距離は，約２０メートルであった。
参　考　事　項		実況見分時は，晴天であった。

(簡) 様式第5号　　　　　　　　　　　　　　　　　　　　　　（その2）

現場付近の見取図	別紙「世田谷警察署管内図」記載のとおり（現場の位置を同図に×点として記入特定した。） 　注………別紙省略
現　場　の　見　取	

（注意）現場の写真は，別葉とし，撮影者をしてその職名を記入し，署名押印させること。

第4節　軽犯罪法違反事件の記載例（同法1条23号）

【事案の概要】

　　被疑者は，平成○○年2月10日午後3時30分ころ，東京都港区芝4丁目22番3号大山ビル地下1階女子用便所内において，正当な理由がないのに，丙野花子（当23年）が使用中の用便ボックス内を，その下端の隙間からひそかにのぞき見したものである。

（簡）様式第5号　　　　　　　　　　　　　　　　　　　　　　　　（その1）

実　況　見　分　調　書（甲の1）

平成○○年2月10日

警視庁三田警察署

司法警察員巡査部長　乙野二郎　印

　被疑者甲野一郎に対する軽犯罪法違反被疑事件につき，本職は，下記のとおり実況見分をした。

日　　　　時	平成○○年2月10日　午後　3時50分から 　　　　　　　　　　午後　4時25分まで
場所，身体又は物	東京都港区芝4丁目22番3号 大山ビル地下1階女子用便所
目　　　　的	犯行の場所・状況を明らかにして証拠を保全するため
立　会　人 （住居，身体， 　氏名，年齢）	住居不定 無職　甲野一郎（28歳）

実況見分の経過	現場の位置	現場は，ＪＲ田町駅西口の北西約５０メートル，三田警察署の北東約２００メートルの地点である。
	現場付近の状況	現場付近は，ＪＲ田町駅及び第二京浜国道に面しており，昼夜とも車両及び通行人の多いところである。
	現場の状況	1　現場である女子用便所は，大山ビル地下１階南東隅にあり，通路を通って行くと，手前が男子用便所で，その奥が女子用便所となっており，その各入口には，青色で男子用，赤色で女子用の標識が付されている。 2　立会人は，「女子用便所の１番奥の用便ボックスのすぐ前の×点にしゃがんでボックスの下端の隙間から中をのぞいていたら，ボックスのドアがあいて，中から女性が出て来た。」と説明した。 3　上記ボックスは，内開きドアで，ドアの下端と床との間は，縦６センチメートル・横１.２メートルの隙間になっている。 4　×点と，女子用便所入口の中間である△点に週刊誌１冊が落ちていたが立会人は，「この週刊誌は，自分が手に持っていたものだが，逃げるとき，あわてて落としたものである。」と説明した。
参考事項		1　現場に落ちていた週刊誌１冊は領置。 2　実況見分時は，晴天であった。

(簡) 様式第5号　　　　　　　　　　　　　　　　　　　　　　　　　　　　（その2）

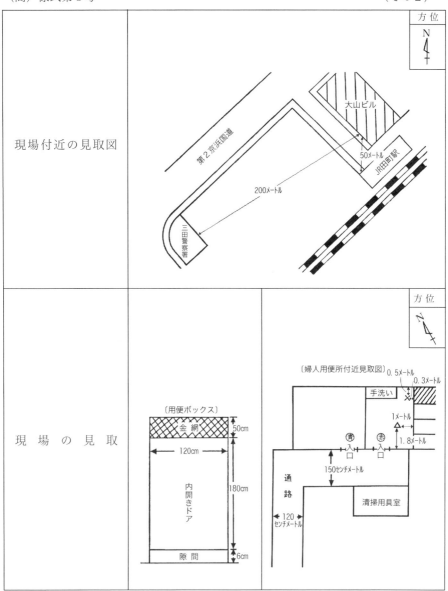

（注意）現場の写真は，別葉とし，撮影者をしてその職名を記入し，署名押印させること。

〈著者について〉

石井春水（いしいしゅんすい）
昭和18年検事任官
最高検察庁総務部長
札幌高等検察庁検事長をへて
弁護士

渋谷勇治（しぶやゆうじ）
昭和51年検事任官
青森地方検察庁検事正
公証人をへて
現在弁護士

田村達美（たむらたつみ）
昭和30年検事任官
福岡地方検察庁検事正
公証人をへて
弁護士

高瀬一嘉（たかせかずよし）
昭和62年検事任官
司法研修所教官
大分地方検察庁検事正をへて
現在公証人

隈井光（くまいひかる）
昭和31年検事任官
山口地方検察庁検事正
公証人をへて
弁護士

―3訂版―検証調書実況見分調書の書き方

昭和33年12月28日　初版発行
昭和51年 8月20日　増補改訂版発行
平成28年11月13日　3訂版発行
令和 5年12月25日　3訂版7刷発行

著　者　石井春水・田村達美・隈井光
　　　　・渋谷勇治・高瀬一嘉
発行者　網谷玲彦
発行所　株式会社 実務法規
住　所　東京都中野区上高田3－8－1
電　話　03－3319－0180
FAX　03－3319－7056
振　替　00150－0－663025
URL　http://net-kindai.com/
印　刷　株式会社 啓文堂　　●落丁・乱丁は、送料当社負担にてお取り替えいたします。

検印省略

ISBN978-4-86088-025-5 C3032

JCOPY　〈出版者著作権管理機構 委託出版物〉

本書(誌)の無断複製は著作権法上での例外を除き禁じられています。複製される場合は、そのつど事前に、出版者著作権管理機構（電話 03-5244-5088、FAX 03-5244-5089、e-mail: info@jcopy.or.jp）の許諾を得てください。

（3訂版）
検証調書実況見分調書の書き方